머니 체인저

머니 체인저

월수익과 자산을 늘려,
인생을 획기적으로 변화시키는
재테크 방법

절약왕 정약용(문준희) 지음

나는 가난을 탈출하고,
경제적 자유를 누리는
'머니 체인저'가 되고 싶었다

직장 근처 고시원에서 생활하던 사회초년생 시절, 쉬는 날 없이 열심히 일하는데도 왜 돈이 모이지 않는지 궁금했던 때가 있었다. 거리에는 화려한 건물과 고층으로 솟은 아파트가 이리도 많은데, 대체 저긴 누가 사는 건가 싶었던 시기가 있었다. 작고 귀여운 월급을 확인할 때마다, 내 생애 내 집 마련은 절대 불가능한 꿈이라 믿었던 과거가 있었다.

"모든 것은 이미 다 정해져 있어. 스타가 되는 사람도, 부자도, 다 정해져 있는 거야. 그러니 우리 같은 서민들은 주어진 환경에서 그저 최선을 다할 수밖에 없어!"

10년 전, 일로 만난 40대의 직장 선배들은 여전히 내 집 마련을 어려워했고, 일은 잘했지만, 경제와 재테크에는 문외한 인 경우가 많았다. 그 분들은 집안 형편과 환경을 탓하며, 시니컬한 패배주의 운명론자가 되어있었다.

내게 회사 일에 대해 알려주는 사람은 많았지만, 회사 밖에서 돈을 어떻게 하면 더 벌 수 있는지 알려주는 사람은 단 한 명도 없었다. 돈을 모아야한다고 말하는 사람은 있었지만, 돈을 모으는 속도를 높이려면 어떻게 해야 하며, 그렇게 모은 돈으로 내 집을 마련하려면 어떻게 해야 하는지 가르쳐주는 사람은 없었다.

그렇게 허둥대기만 했던 내게 유일하게 오아시스가 되어준 것은 회사 점심시간에 서점에 가서 읽은 수많은 경제, 재테크 관련 서적들이었다. 그 책들을 통해 세상에는 정말 다양한 일들이 존재하고, 회사 밖에서 돈을 버는 것도, 돈을 빨리 모으는 것도 가능하며, 평범한 직장인도 내 집 마련을 할 수 있다는 것을 알게 되었다.

책을 그저 읽기만 하고, 실행하지 않았다면 책에 있는 좋은 알맹이들은 사는 동안 나를 그저 스쳐 지나간 수많은 정보 그 이상도 이하도 아니었을 것이다. 쉬는 날이 많은 것도 아니었기에, 퇴근 후와 주말을 이용해 단순 무식하게 책에 적힌 대로 실행하며 살았다.

그 방법을 삶에 적용했을 때, 성공한 적도 있었지만 실패한 적도 많았다. 실패를 할 때마다 그냥 주저앉아 환경에 적응하고 싶었던 마음도 없던 게 아니었다. 그러나 내가 40대가 되었을 때, 새로 들어온 20대 신입에게 "세상은 말이야, 이미 다 정해져 있어!"라고는 절대 말해주고 싶지 않았다.

만약, 다 정해져 있다면, 금 수저로 태어난 사람들이 아닌, 우리 사회에 실존하고 있는 자수성가형 부자들은 대체 무엇으로 설명할 수 있느냔 말이다. 자수성가 할 사람조차 정해져 있는 거라 말한다면, "왜 나는, 당신은 자수성가 할 수 없는 것인가?"라고 되물어 볼 수 있지 않을까? 내가 꿈꾸는 미래가 어떠하든, 우선 주어진 현실부터 냉정하게 인식해야 했다. 냉정한 현실 인식 후 거창한 것이 아닌, 오늘 할 수 있는 것에만 집중했다.

회사 생활이라는 시간의 제약 속에서, 가장 경험치를 많이 얻을 수 있는 방법은 책이었다. 나는 계속해서 책을 읽고, 책에 기록된 방법들을 단순하게 실행했기에, 어느덧 회사 밖에서 월급 보다 더 많은 수익을 올릴 수 있었다. 그 뿐만 아니라 비슷한 나이대의 또래보다 돈을 더 빨리 모을 수 있었고, 더 이상 회사라는 울타리가 아닌 개인으로서도 남부럽지 않은 돈을 벌고 모았으며 결국, 내 집 마련에도 성공하고, 결혼해서 행복한 가정도 이루게 되었다.

나는 특별한 사람도 아니고 대단한 능력이 있는 사람도 아니다. 83만 원의 월급을 받던 시절, 원룸을 구할 보증금도 부족해 고시원에서 살던 평범 이하의 직장인이었다. 만약 그때 누군가가 나에게 "너는 10년 안에 아파트와 자차를 마련하고, 빚 없이 가족들과 하고 싶은 것을 실컷 하며 행복하게 살 거다"라고 했다면, 절대 그 말을 믿지 못했을 것이다.

사랑하는 것을 발견했는데, 돈 때문에 그걸 하지 못하는 것만큼 절망적인 비극이 없다. 비극을 희극으로 바꾸는 건, 정해진 운명 따위가 아니다. 돈을 많이 버는 것과 돈을 불리는 것, 자산을 쌓는 것 모두, 정해져 있는 대로 흘러가지 않는다. 태어날 때의 환경 값, 성장할 때의 주어진 조건은 분명 다르지만, 우리에겐 매일, 매주, 매달, 매년 때마다 선택지가 주어진다. 어떤 선택을 할 것인지는 각자의 몫이다.

중요한 건, 우리가 '돈'을 대하는 생각과 태도를 바꾸면, 선택지 자체를 바꿀 수 있다는 것이다. 우리에게 '좋은 선택지'만 있다면, 어떤 선택을 하든 기쁜 일이 많을 것이다. 반대로 '나쁜 선택지'만 가득하다면, 어떤 선택을 하든 슬플 가능성이 대단히 높다.

만약, 당신이 돈 때문에 무언가를 하지 못하고, 돈 걱정을 한다면, 가장 먼저 '돈'에 대한 생각과 태도부터 바꿔야한다. "나는 평생 돈을 많이 벌지 못할 거야!", "내 월급으로 무슨…", "우리 부모님은 가난하니, 나도 어쩔 수 없어." 등 스스로 안 좋은 생각을 하며, 최악의 선택지만 배치해 놓고, 그 안에서 최선을 찾으려고 해도, 결국 슬프고 나쁜 결말일 수밖에 없다.

주변에서 누군가가 당신에게 '정해진 운명' 따위를 얘기하며, 부정적인 생각으로 시도조차 못하게 권한다면, 과감하게 그 환경을 벗어나야 한다. 당신은 당신에게 들어오는 월 수익을 증가시킬 수 있고, 그동안 얻지 못한 자산을 얻을 수도 있다.

세상의 돈은 지금도 무한히 증식 중이다. 그 돈은 돌고 돌아, 누군가에게는 매일 흘러들어가고 있으며, 누군가에게는 계속 빠져 나가고 있다. 돈을 빠져나가지 않게 통제하고, 흘러들어오게끔 생각과 태도를 바꾸는 것은 당신이 충분히 오늘 당장부터 할 수 있는 일이다. 당신은 [머니 체인저]가 되어, 수익을 늘리고, 인생을 좋은 쪽으로 충분히 변화시킬 수 있다. 돈에 대한 생각과 태도를 바꾸고, 경제와 재테크에 대해 충분히 공부한다면 말이다.

이 책은 10년 전 아무도 알려주지 않아, 허둥대던 나에게 선물하고 싶은 [머니 체인저]가 되는 방법을 담았다. 내가 생각하는 [머니 체인저]란 '돈'에 대한 생각과 태도를 바꾸고, 재테크를 공부하며, 스스로 인생을 좋은 쪽으로 변화시키는 사람이다.

　본문에서는 돈 걱정하지 않고, 사랑하는 것을 마음껏 할 수 있는 삶을 위해, 최소한 빚이 없는 상태로 내 집과 자동차를 마련하고, 현금 흐름을 개선할 수 있도록 하는 기초적이고 실용적인 재테크 방법을 다뤘다. 당장 월 천, 월 억이 아니라 부수입으로 부담 없이 시작해서 탄탄한 경제적 자유를 얻을 수 있는 현실적이고 도움 되는 유익한 내용들을 다루기 위해 최선을 다했다.

　만약 지금의 삶이 경제적인 어려움으로 인해 벅차고 힘들다면, 절대 포기하지 말고 책에서 나오는 내용 어떤 것이든 좋으니, 작은 것부터 실천해보시길 바란다.

　당신을 둘러싼 환경이 아무리 최악이더라도, 주어진 상황에서 할 수 있는 최선의 선택이 있을 것이다. 당신 앞에 놓인 선택지가 모두 별로라면, 먼저 [머니 체인저]가 되어, 선택지 자체를 좋은 것으로 바꾸라고 말하고 싶다. '남보다 더'가 아니라, '어제의 나보다 더' 낫게 변화한 내일을 위해, 오늘 이 순간 자신에게 '작은 실천'이라는 선물을 줬으면 좋겠다.

차례

2부 절약왕 정약용이 소개하는 부업 18가지

1부

평범한 직장인의
경제적 자유를 위한 여정

1

27살, 83만 원의 직장인이
경제적 자유를 꿈꾸게 된 비결

27살, 83만 원의 월급쟁이

27살, 늦게 전역을 한 뒤 내 통장에는 100만 원도 없었다. 월세 보증금도 안 되는 돈에, 예술 대학 졸업장 달랑 하나 있는 27살에게 주어진 현실은 냉정했다. 당장 잘 곳도 마땅치 않기에 회사를 계속 고르기보다는 숙식이 제공되는 곳으로 빨리 취업하자는 생각이 들었다. 그 당시 홍대 근처에 광고와 홍보 다큐멘터리 만드는 작은 프로덕션에 입사했다. 그 때 인턴 기간에 받은 첫 월급은 실수령액으로 83만 원이었다. 그 돈을 받고 2달을 일했다. 35만 원짜리 고시원에 살며 매일 매일 야근을 했다. 내 몸과 정신은 갈수록 피폐해져갔고, 이대로는 정말 큰일나겠다싶어 이직을 결심했다. 그 다음 입사한 회사는 뮤직비디오를 만드는 곳이었다. 정규직이었고 큰 규모를 갖춘 곳임에도 불구하고, 실수령액이 107만 원이었다. 한 달에 프로젝트를 6개 넘게 참여하면, 10만 원씩 보너스로 수당을 주기는 했다. 보통 한 달에 8건 정도 참여했기에 20만 원 정도는 보너스로 챙겼지만 그래봤자 실 수령액

은 127만 원이었다. 밤샘 촬영도 많고, 지방에 내려가 일을 하는 경우
도 빈번해 몸은 점점 만신창이가 되어갔다. 다행히 회사에서 법인 카
드를 제공해줬고, 촬영장에 항상 밥차가 왔기 때문에 점심 저녁은 회
사에서 해결할 수 있었다. 지금 아니면 배가 고프니 고봉밥을 쌓아서
밥을 먹었던 기억이 난다. 그렇게라도 배를 채우지 않으면 저녁이 너
무 고달팠다. 그렇게 난 처절하게 살았다. 내 처절한 고시원 생활과는
정반대로 아이러니하게 회사는 서울의 중심인 강남에 있었다. 웅장
하게 위용을 뽐내는 빌딩, 내가 사는 고시원과는 차원이 다른 최고급
시설. 1달에 1번 될까말까한 정시퇴근날이었다. 7월이라 아직도 밖은
밝았고, 바람은 선선했으며 사람들의 표정은 밝아보였다. 그런 행복
한 사람들 사이에서 문득 이런 생각이 들었다. '계속해서 이렇게 살아
야할까?' 서울의 중심, 강남에서 아주 드문 정시퇴근날이었다. 그 후
로 이런 잡념은 계속해서 나를 괴롭혔다. 하지만 나는 매일 회사에 출
근하며, 돈을 모으는 것 외에 할 수 있는 것이 없었다. 그 방법만이 답
이라 생각했기 때문이다. 그렇게 매달 고시원비와 필수생활비 9만 원
을 제외한 83만 원을 꾸준히 저축했다. 불행인지 다행인지 업계 특성
상 야근과 주말 근무가 거의 일상화되어 있었기 때문에 개인 여가시
간이 심각할 정도로 부족했다. 돈을 쓰고 싶어도 소비할 수 있는 시간
이 없었고 나는 그 지옥같은 생활을 1년 동안하며 1000만 원을 모을
수 있었다. 하지만 이 돈을 모으고 퇴사를 할 수 밖에 없었는데, 그 가
장 큰 이유는 바로 6년차 선배가 한 말이었다. '나는 벌써 3천만 원이
나 모았어.' 그렇게 휴일도 없이 밤샘 작업을 하고 누군가를 만날 시
간도 없이 회사에 올인한 5년의 결과가 겨우 3천만 원이라니. 난 그
때 결심했다. '절대 이렇게 살지는 않겠다'라고.

삶을 변화시키기 위해 이직을 결심하다

퇴사를 하고 이직을 한 곳은 같은 동종업계였다. 하지만, 큰 차이점이 하나가 있었는데 그것은 바로 '주말에 쉬게 해준다는 것'이었다. 지금 생각하면 굉장히 당연한 거지만, 그 때 당시 영상 업계에서 '주말을 100% 보장'해준다는 것은 특혜에 가까웠다. 평일에는 쉴 새 없이 일을 하고 야근을 했지만, 그럼에도 주말을 보장 받을 수 있다는 게 나에게 큰 안정감을 가져다줬다. 출근하지 않는 주말에도 5분 대기조처럼 회사의 연락을 기다리며 불안에 떨지 않아도 된다는 게 참 좋았다. 쉬는 날엔 서점이나 북 카페를 다니며 책을 읽기 시작했다. 삶의 의미에 대한 책들을 주로 읽었고, 나에게 진짜 필요한 게 뭔지에 대해 돌아보기 시작했다. 오늘만 바라보던 삶에서 나의 미래를 조금씩이나마 상상해보고 그려갔다. 하지만 그리면서 생각할수록 도저히 답이 안 나왔다. 서울 집값은 10년 전 당시에도 어마어마했고, 나는 한 달에 83만 원씩 적금을 하며, 3년간 3천만 원 정도만 모았을 뿐이었다.

그럼에도 그 돈으로 고시원 생활을 청산하고, 북아현동에 있는 반 지하 4평짜리 분리형 원룸 전세를 구할 수 있었다. 비록 반 지하라도 단독 공간이 생긴다는 것만으로도 기뻤지만, 한 편으로는 불안감이 더해졌다. 매년 천만 원씩 모은다고 해도, 7년을 더 모아봐야 고작 1억 밖에 안되었고 그걸로 신혼집을 마련하기에는 굉장히 역부족이었기 때문이다. 물론 비혼주의자로 혼자 살아가는 걸 선호하는 사람이라면 크게 상관이 없겠지만, 적어도 나는 행복한 가정을 이루고 싶어 하는 마음이 큰 사람이었다. '어떻게 해야 되지?' 오래도록 고민을 하고 있을 찰나, 나는 주말에 가던 서점에서 내 인생을 송두리째 바꿔버릴 2권의 책을 만나게 된다.

책을 통해 또 다른 삶을 꿈꾸다

그 두 권의 책은 바로 '부의 추월차선'과 '4시간'이라는 책이었다. 쉴 수 있는 주말 시간에 짬을 내 독서를 하며 몇백권을 읽었는데, 그 중 저 두 권은 유독 나에게 큰 울림을 줬다. 나는 지금도 주변 지인들에게 항상, 성장하기 위해선 '좋은 사람'과 '독서'가 필요하다라는 말을 계속해서 한다. 그만큼 그 때 내가 받은 충격이 컸기 때문이다. 읽었던 모든 책들이 도움이 됐지만, 이 두 권의 책 속에는 살면서 내가 한 번도 들어보지 못한 새롭고 신선한 충격적 내용이 가득했다. 막연히 내가 생각하고 상상하기만 했던 것을, 지구상 어딘가에 사는 누군가는 실제로 하고 있다는 게 참으로 놀라웠다. 하지만, 동시에 감사함도 크게 느꼈는데 그 이유는 내 꿈을 구체화시켜줬고, 나도 할 수 있다라는 확신을 줬기 때문이다.

'나는 대통령이 될 거야.', '나는 100억부자가 될 거야.'라고 했을 때, 누군가는 터무니 없는 꿈을 꾸지 말라며 핀잔을 주고, 누군가는 '나도 했으니 너도 할 수 있다.'며 방법을 제시해준다. 현실에서 내가 자주 만나는 사람들보다, 일면식도 없는 책의 저자가 그 당시에 나에게 훨씬 더 큰 도움이 됐었던 것이다.

이 두 권의 책에 나오는 여러 개념 중 내가 삶에 적용하고자 했던 방식을 아주 간략히 설명하자면, 1. 현대 자본주의 사회는 노동으로 부를 축적하는 게 아니라, 다양한 현금 흐름을 만들어서 자본소득을 구축해야 한다. 2. 그래서 돈을 버는 시스템을 만들게 되면 노동에 사용하는 시간을 줄이고 1주일에 4시간만 일하고도 충분히 부를 이룰 수 있다. 였다.

이 책들을 읽으며 나는 현금 흐름을 다변화시킬 수 있는 돈 버는 시스템을 가져야 한다는 소망을 품었고, 최소한의 노동으로 최대의 이윤을 내는 방향을 추구하게 됐다. 그렇게 회사 월급의 80%는 저축을 하고 20%는 자기계발을 했다. 뿐만 아니라 다양한 책을 섭렵하며 여러 가지 연구들을 계속해나갔다. 그렇게 1년 정도 지나고 나 스스로 준비가 어느 정도 됐다고 확신이 섰을 30살 2015년 12월. 당시 다니던 회사에 퇴사를 하겠다고 말하고, 31살이 되던 2016년 1월 4일, 동네 세무서에 가서 사업자 등록을 했다. 3천만 원 전세로 살던 북아현동 4평 반 지하 방에 영상 프로덕션을 창업한 것이다.

처음으로 홀로서기를 시작하다

퇴사하기 전에도 부업으로 평일 저녁이나 주말을 이용해 혼자 외주 작업으로 작은 음반사의 뮤직비디오나 홍보영상을 만들어줬었기 때문에 창업 후에도 일감은 꾸준히 있었다. 직장인이던 시절 정말 힘들게 일해서 받은 월급 정도의 금액이 창업 후 프로젝트 몇 번에 통장에 꽂힐 때면 '과거 내 삶은 과연 무엇이었을까?'라는 허무한 생각도 들었다.

가끔씩은 다른 회사의 프리랜서 PD로 일해주고, 내 인건비를 수당으로 받아왔는데, 3~10일 정도 일하고 회사 다닐 때의 한 달 월급보다 더 많이 받았으니 퇴사 후 외주업체 창업도 충분히 할만한 거라고 생각했다.

　그런데 이렇게 혼자 하는 일도 계속하다보니 문제점이 발견됐다. 클라이언트를 상대하는 외주업체 일은 업무의 특성상 야근과 주말 근무가 있을 수 밖에 없었다. 클라이언트의 제안이 급하게 잡히면 밤을 새워야 하는 순간도 있고, 어떨 때는 클라이언트 회사의 담당자가 회사 상사보다 일적으로 더 심하게 괴롭힐 때도 많았다. 평일 야근과 주말 근무가 싫어서 퇴사를 했는데 여전히 그게 계속 반복된다면 이 삶도 의미가 없다 느껴졌다. 돈을 더 많이 벌 뿐이지, 내 생활이 없고, 여전히 내 노동력을 갈아 넣어야 돈을 벌 수 있는 구조는 장기적으로 봤을 때 위험하다고 생각했기 때문이다.

내 시간의 가치를 높이기 위해 선택한 '유튜브'
고민을 계속했다. '어떻게 하면 내 노동력의 가치를 올릴까?', '어떻게 하면 내가 덜 일하고, 더 효율적으로 돈을 벌 수 있을까?' 그러다보니 나의 현금 흐름과 수익 구조를 다시 세팅해야되겠다라는 결론을 내렸다. 예를 들어, 클라이언트가 있는 외주 영상 일은 수천 만 원에서 1억짜리 프로젝트를 수주 받더라도, 내가 협력하는 회사들에게 각종 비용을 다 지불하고 나면, 정작 내가 가져가는 금액은 그리 크지 않았다. 그런 일들이 반복되다보니 '계속 이렇게 하는 게 과연 맞는 건가?'라는 의문이 들었던 것이다.

　상황을 근본적으로 해결하기 위해선 클라이언트가 있는 외주

업무를 피해야 한다라는 결론이 났다. 시간을 통제할 수 없고, 금액이 크지 않으며, 내 브랜딩을 하는데도 좋지 않았다. 누군가의 외주를 받는 게 아니라 혼자 일하면서 스스로의 가치를 높이고, 온라인으로 수익을 낼 수 있는 것을 해야 시간의 통제력이 생긴다라는 확신을 얻게 됐다. 그 때 때마침 '유튜브'라는 뉴미디어 채널을 알게 됐다. 유튜브에 올라온 영상들을 쭉 보다 보니, 유튜브는 영상 퀄리티보다 기획력과 콘셉이 훨씬 중요한 분야라고 느껴졌다. '아, 이거다.' 영상 편집과 외주를 많이 하며, 기획력과 콘셉에 대한 자신감도 컸고 무엇보다 온라인으로 영상을 업로드하면 알고리즘에 의해 자동적으로 많은 사람들에게 노출되는 시스템도 좋았다. 또한 조회수에 따라 돈도 벌 수 있다는 것도 신기했다. 그렇게 나는 기획을 하고 유튜브를 시작했다.

당시에 했던 유튜브 채널은 현재 내가 활동하고 있는 '절약왕 정약용' 채널이 아니다. '절약왕 정약용'은 한참 후에 내가 시도했던 재테크, 부업, 퇴사에 대한 생각들과 방법들을 알려주고자 시작한 채널이고, 처음 시작한 유튜브는 다른 콘텐츠를 리뷰하는 채널이었다.

유튜브를 시작한 후, 외주 영상제작 일은 더 이상 하지 않았고 당연히 나의 월 수익도 많이 줄어들었다. 그럼에도 유튜브는 계속 1주일에 2개씩 꾸준히 업로드했다. 그 때 당시 유튜브 월 수익은 고작 30만 원 정도였지만, 이렇게 쌓아놓으면 나중에는 굉장히 고마운 부수입처가 될 거라는 확신이 있었기에 계속 할 수 있었다. 그렇게 몇 달 뒤가 됐을 때 수익은 점점 늘어나 유튜브만으로도 한 달에 200만 원을 넘게 벌 수 있었다.

다양한 부업 시작 및 수익 구조 창출

그 덕분에 유튜브 초보들을 대상으로 유튜브 부업 강의도 하게 됐고 관련된 책도 쓸 수 있었다. 그렇게 계속해서 나는 수익 파이프라인을 점점 늘려갔다. 클라이언트의 외주 영상 일을 하지 않아도 수익 구조가 만들어졌고 유튜브 관련 일 뿐만 아니라 어딘가에 출근하지 않고도 집에서 할 수 있는 다양한 부업들을 시도하기 시작했다.

독학으로 시작한 구매대행 쇼핑몰로도 월 250만 원 가까이 수익이 났고, 여러 가지 연구를 하면 할수록, 세상에는 생각보다 돈을 벌 수 있는 다양한 방법이 많다는 걸 알게 되었다.

만약 이 책을 읽는 여러분이 직장인인데 본인의 월급이 적고 인맥도 없고 배경도 부족하다면, 우선 부업으로 일단 여러 가지를 작게라도 한 번 시도해봤으면 좋겠다. 그렇게 부업으로 얻는 월 수익이 본업을 초과하게 된다면 퇴사를 해도 된다. 그 후 다양한 수익 파이프라인을 세팅하고 점점 더 돈을 불려나가면 된다. 지금 가난한 건 큰 문제가 되지 않는다. 직장 월급이 낮다면 다양한 부업을 시도해 월 소득을 높이면 되고, 그렇게 모은 종잣돈을 통해 리스크가 적은 투자를 시작하면 은행 이자보다 훨씬 많은 돈을 굴릴 수 있다. 그렇게 굴린 돈으로 대출을 통해 내 집 마련도 할 수 있게 된다.

그런데 여기서 가장 중요한 점은 '투자'를 시작하기 전, 가난을 탈출하는 근본이 되는 것은 '절약'과 '지출 통제'라는 것이다. 실제로 나는 수많은 재테크 정보들을 깨닫고 각성하기 전에는 '투자'를 거의 할 줄 몰랐다. 그럼에도 고시원에서 반지하 전세로, 반지하에서 빌라 전세로 그리고 빌라 전세에서 결국에는 25평 아파트를 구매했다.

하지만 재테크에 본격적으로 눈을 뜬 뒤 돈을 빠르게 불렸고 2021년 3월, 34평 아파트 매매까지 성공했다.

내가 돈을 버는 이유

나의 경우, 가계 경제의 힘을 키우는 근본적 이유는 사랑하는 가족들과 더 좋은 시간을 보내기 위함이다. 경제적으로 윤택하면, 선택지가 넓어지고, 할 수 있는 것들이 많아진다. 우리나라의 경우 고등학교 때 본 수능 시험 등으로 인해, 대학교가 결정되고, 사실상 대기업이나 공기업, 전문직이 되는 사람과 그렇지 않은 사람이 갈릴 수밖에 없는 구조다. 특출 난 몇몇은 그 이후에도 삶의 반전에 성공하지만, 대부분은 적은 소득으로 사회초년 시절을 맞이할 수밖에 없다. 또한, 좋은 직장에 갔다고 한들, 우리나라에서 월급쟁이 회사원으로 집 있고, 차 있고, 빚도 없는 상태로 살아간다는 건 쉬운 게 아니다. 연봉을 올리는 것도 만만한 게 아니고 말이다.

다만, 누구든지 부업에는 도전해 볼 수 있다. 여러 가지 부업을 시도해 소득을 늘리고, 그렇게 얻은 돈으로, 리스크는 적은 효과적인 투자를 시도한다면, 생각보다 빠른 시기에 내 집 마련부터 경제적 여유까지 삶을 즐기면서 살 수 있을 정도로 선택지가 넓어진다.

누누이 말하지만 부업으로 돈을 버는 건 결코 어렵지 않다. 하지만 작은 시도조차 하지 않고 삶에 불평불만만 하고 무의미한 시간을 보낸다면 인생은 절대 달라지지 않는다. 지금 삶에 어떠한 불만이 있다면, 그것을 개선해야, 그 불만이 근본적으로 사라진다. 아무것도 안 하면, 불만은 그저 지속될 뿐이다. 불만이 나의 무의식에 점점 사로 잡혀, 어느덧 그 불만은 나를 갉아먹을 것이다. 무엇을 해도 부정적인 생각으로 가득하게 되는 것이다. 작은 행동을 실천해서, 아주 작은 보람이라도 느끼는 것만이 불만을 해소할 수 있는 첫 단추라 생각한다.

[절약왕 정약용] 채널은 한 명이라도 더 많은 사람이 최악의 상황에서도 조금이나마 삶이 나아질 수 있도록, 작은 노력을 실천하게끔 하고자 개설하게 되었다. 나도 평생 집과 차는 커녕, 가정을 이루지 못한 채 살아갈 줄 알았다. 그러기에는 돈이 너무 없었기 때문이다. 그런데 세상에는 초등학교부터 대학교를 거치는 동안에 세뇌 받은 정규적인 코스 말고도, 다양한 돈 버는 방법들과 부업들이 있음을 알게 되었다. 대기업, 공기업 직장인이나, 공무원이 되지 않더라도, 월 소득을 높일 수 있음을 깨닫게 되었다. 또한, 그렇게 번 돈을 잘 굴리고 불릴 수 있는 방법도 의외로 간단하다는 것을 알게 되었고, 3포, 5포, 7포, 9포 등 모든 것을 포기하는 시대에 자신의 행복을 전혀 포기하지 않고, 살아가는 게 가능하다는 것을 몸소 실천하며, 경험을 나누고 있다.

아무 것도 하지 않으면 아무 것도 변하지 않는다

현재 삶에 불만이 있다는 것은 지금 내가 사는 방식이 나에게 최선이 아니라는 신호다. 분명 어딘가에는 나에게 맞는 최적의 방식이 있다. 당신은 아직 그걸 찾지 못했을 뿐이다. 시도를 멈추지 않는 한 나는 당신이 언젠가는 반드시 그것을 찾게 되리라 생각한다. 그 과정이 쉽다고 말하면 거짓말이다. 때때로 분명 힘들고 어려운 순간이 있을 것이다. 다만, 노력하면서 발생하는 고통스러운 과정 속에도 즐거움이 있다. 달콤한 거짓이 아닌, 즐거운 고통 속으로 기꺼이 걸어가, 삶을 개선하려는 시도를 땀으로, 몸으로, 행동으로, 꾸준히 하길 바란다. 나도 했으니, 당신도 하라는 게 아니라, 당신의 삶이기 때문에, 당신의 최선을 찾으라는 거다.

지구상에는 70억 이상의 인구가 있고, 저마다 각자의 최선이 다르다. 그러니 나와 다른 누군가의 삶과 내 삶을 비교할 필요도 없다. 지금 현재 나에게 맞지 않는 삶을 벗어버리고, 내게 맞는 삶을 찾아내면 된다. 또, 찾아낸 그 삶을 실제로 살아낼 수 있도록, 계속 꾸준히 시도하면 된다. 그럼 놀랍게도 인생이 바뀌게 된다.

나는 진심으로 이 책을 읽는 모두가, 경제적 풍요로움과 함께 자신이 하고자 하는 것을 할 수 있는 삶을 살았으면 좋겠다. 당신의 작은 도전이 크나큰 해피엔딩이 되기를 바라며, 이 책이 당신의 실행력과 지식을 향상시키는데 조금이라도 도움이 되었으면 좋겠다. 훗날, 최선을 다한 우리가 함께 행복한 곳에서 만날 수 있기를 바라본다.

2

절약왕 정약용만의
현명한 재테크 방법

재테크의 시작, 가계부 작성하기

재테크를 시작할 때 가장 우선으로 챙겨야 하는 건 자신의 객관적인 정보를 파악하는 것이다. 우선 자기 통장의 내역을 확인하는 것이 정보를 파악하는 가장 쉬운 방법이다. 신용카드 여러 개를 사용하는 사람이 아니라면, 대부분 한 통장에서 수입과 지출이 나갈 것이다. 예전에는 통장 내역을 확인하기 위해 주거래 은행에 직접 종이 통장을 들고 가야 했지만, 이제는 휴대폰에 깔린 은행 어플로 손쉽게 계좌 내역을 확인할 수 있다. 최근에는 주거래 은행뿐만 아니라, 다른 은행의 계좌마저 어플 하나로 쉽게 확인할 수 있는데, 단순히 통장 내역을 보는 것만으로도 객관적인 정보 파악에 도움이 되지만, 제대로 된 재테크를 하기에는 2% 부족한 점이 있다.

바로, 그때 유용하게 사용할 수 있는 방법이 가계부다.

하지만 가계부의 중요성을 아는 사람도 드물고, 중요성을 아는 사람조차 다양한 이유로 가계부를 잘 활용하지 않는다. 누군가는 가계부를 지금처럼 어플 하나로 간편하게 통장 내역을 볼 수 없던 시대에 즐겨 사용했던 오래된 방법처럼 여기기도 한다. 하지만 가계부는 우리가 생각하는 것보다 재테크에 있어 훨씬 더 중요하다.

가계부의 중요성

가계부를 사용할 때 가장 좋은 점은 현재 내가 가진 돈의 액수가 어떻게 만들어졌는지 세밀하게 알아볼 수 있다는 것이다. 즉, 내가 소유한 돈에 대한 정확한 기록이자, 내 돈의 흐름에 대한 역사라고 할 수 있다. 분야를 막론하고 경제를 이야기하는 많은 유명 인사가 가계부를 재테크의 기본으로 자주 이야기하는 데는 이유가 있다.

물론, 가계부를 쓴다고 해서 확연하게 드러날 정도로 수입이 늘거나, 지출이 드라마틱하게 줄어들지는 않는다. 그럼에도 가계부를 써야 하는 데는 크게 3가지 이유가 있다.

첫째, 수입과 지출이 적절하게 균형을 이루는지 판단할 수 있다. 지출이 많으면 당연히 재테크를 시작하기가 매우 힘들다. 절약은 재테크의 기본이다. 그렇다고 지나치게 아끼기만 하면 심적인 여유가 없어진다. 이 때 가계부를 사용하면 자신이 가진 삶의 가치에 비추어 가장 적절한 돈의 균형을 찾을 수 있다.

둘째, 자신의 평소 소비 습관을 판단할 수 있다. 가계부를 한 달만 작성해도 자신이 어느 부분에 소비를 많이 하는지 확인할 수 있다. 배달음식을 자주 먹는다면 식비가 많을 것이고, 쇼핑을 좋아한다면 의류비가 많을 것이다. 단순히 '내가 옷을 많이 사니까 옷값이 많이 나오겠지.'라는 눈에 보이지 않는 생각과는 달리 명확한 숫자를 눈으로 확인할 수 있게 되는 것이다.

　　셋째, 장기적인 예산 계획을 세울 수 있다. 가계부의 진정한 매력은 결산이 아닌 예산이다. 가계부를 쓰면서 결산만 하는 건 내 삶에 대한 단순한 반성에 불과할 수 있는데, 가계부 결산을 통해 이번 달에는 지출을 얼마 할 건지에 대한 예산을 미리 파악할 수 있다. 가계부를 처음 쓰면 예산으로 잡은 범위와 실제 사용한 소비 금액이 다를 확률이 높은데, 이 또한 자신이 가진 돈의 기록이자 역사로 여기면 된다. 가계부에 작성된 기초 자료를 바탕으로 소비와 지출의 장기적인 가계 경제 계획을 세움으로써 자연스럽게 절약을 몸에 익히게 된다.

가계부 작성법

가계부를 쓰기로 마음먹었다면 어떤 형태의 가계부를 활용할 건지 정해야 한다. 일반적으로 가계부 하면 가장 먼저 떠오르는, 손으로 쓰는 수기 가계부로 시작하면 좋다. 수기 가계부는 휴대성이 떨어지고 종이를 다 쓰면 가계부를 새로 구매해야 하지만, 아날로그 방식으로 가계부를 적다 보면 습관 형성에 효과적이다. 수기 가계부가 불편하다면, 휴대폰 어플을 활용한 모바일 가계부, 컴퓨터를 활용한 엑셀 가계부를 사용해도 좋다. 모바일 가계부는 언제 어디서나 자신이 원할 때마다 실시간으로 기록이 가능하고, 수기로 쓸 때처럼 수치를 계산할 필요도 없다. 주로 사용하는 카드를 어플에 등록해놓으면 지출 내역이 자동으로 입력되어 굉장히 편리하다. 엑셀을 자주 사용하는 사무직 직장인이라면, 엑셀 가계부가 편리할 수 있다. 엑셀 가계부는, 수기 가계부와 모바일 가계부의 장점이 적절하게 섞여 있다. 자동 합산을 통해 수치를 빠르게 계산할 수 있고, 자신만의 틀을 직접 만들어 사용할 수 있는 장점이 있다. 앞서 언급한 3가지(수기 가계부, 엑셀 가계부, 모바일 가계)가계부 중 기록하기 쉽고 자신에게 맞는 편리한 방법을 선택하면 된다. 세 가지 방식을 혼합하여 사용해도 좋다. 야외에서 대중교통으로 이동할 때 모바일 가계부를 활용한 뒤, 집으로 돌아와 수기 가계부에 정리하고, 수기 가계부로 작성한 월, 연 단위 기록은 엑셀 가계부에 등록하는 방식이다.

손으로 직접 가계부를 작성한다면 쓰는 기준 일을 정해야 한다. 기준일은 매달 1일과 월급날 중 하루를 시작일로 잡고, 한 달간 쓰면 된다. 여러 가지 시도를 해보면서 자신에게 맞는 방법을 찾으면 좋다. 나는 매달 1일을 추천한다. 월 결산을 넘어 한해 결산을 할 때 기준을 잡기가 편하기 때문이다. 이직하여 월급날이 바뀌거나, 2인 가구 이상이라면 부부의 월급날이 서로 달라도 크게 상관없다. 만약에 월급날이 25일이라면 1일부터 24일까지, 25일부터 말일까지 정리하면 된다. 매일 쓰면 좋지만, 특정 요일을 정해서 써도 된다. 월요일이나 일요일 저녁에 쓰면 1주를 결산하기에 편리한 부분이 있다.

가계부 항목 세분화시키기

가계부에서 수입은 직장 생활을 통한 월급, 부업으로 얻은 부수입, 투자 수익, 용돈 등으로 쉽게 분류할 수 있다. 이와는 달리 지출 항목은 꽤 다양하다. 그렇다고 지출 항목을 너무 세분화하면 가계부를 쓰기가 귀찮아지기 때문에 분류를 간단하게 하면서도 필요한 지출 목록이 빠지지 않도록 항목을 명확하게 구분해야 할 필요가 있다.

지출은 금액의 비중에 따라 대·중·소로 나눠도 되지만, 일반적으로 고정지출·변동지출·돌발지출로 나누면 기록하기에 편하다. 고정지출은 주거비, 관리비, 전기요금, 인터넷 요금, 보험료 등 일정 범주 안에서 고정적으로 사용되는 비용이다. 학자금 대출, 전세 대출이 있다면 이자를 포함한 월 대출 납입 금액도 포함된다. 변동지출은 일반적인 생활비를 의미하는데, 식비, 교통비, 병원비, 의류미용비, 교육비, 자기 계발비 등이 있다. 2인 가구 이상의 비용을 책임질 때는 배우자나 가족들의 지출을 어느 정도 파악해야 한다. 부부가 각자 수입을 관리하고 공동생활비만 분담하는 가정이 최근에 늘어나고 있지만, 통합 가계부를 활용함으로써 가정의 공통된 목표 의식을 가질 수 있다. 돌발지출은 비상금, 축의금, 조의금 등 갑작스러운 이벤트로 나가는 지출이다.

가계부를 쓰면 내가 사용한 고정지출 및 변동지출에 대한 금액을 정확하게 알 수 있는데, 만약 수입이나 총지출 대비 한 부분의 지출 금액이 많다면, 해당 비용을 줄일 방법을 찾아야 한다. 고정지출은 공과금 개념이어서 줄일 수 있는 폭이 크지 않지만, 생활비는 목적성에 따라 금액을 확실하게 줄일 수 있다. 낭비되는 비용을 줄임으로써 소득이 상대적으로 증가하여 투자할 수 있는 종잣돈이 자연스럽게 많아진다.

꾸준함이 가장 중요하다

가계부를 언제, 어디에, 어떻게 쓰는가도 물론 중요하지만, 무엇보다 가장 중요한 것은 꾸준함이다. 가계부를 쓰는 행위에 대해 중요성을 인식했어도, 가계부를 쓰다가 중단하는 사람이 너무 많다. 예를 들어 직장인 A는 연초에 가계부 쓰기를 시작하지만, 이내 한 달만 되면 가계부 작성을 중단한다. 그리고 다시 연말이 되면 예쁘고 고급스러운 가계부 노트를 쇼핑하는 식이다. 가계부 작성을 시작만 하고 행동을 지속하지 않으면 결실을 보기 어렵다.

어떠한 방식으로든 가계부 쓰기를 6개월 정도 지속하면 소득과 지출에 대한 개념이 잡히며 한눈에 흐름이 파악되고, 스스로 비용을 조절할 힘이 생긴다. 특정 달에 일부 비용을 많이 사용했어도, 가계부를 통해 다시 평균치의 지출 흐름으로 돌아올 수 있다. 엑셀을 활용하여 월별 그래프를 작성해서 비교하면, 분기 혹은 연간 수입과 지출 흐름을 한눈에 파악할 수 있다. 많은 전문가가 가계부를 재테크의 기본이라 여기는 데는 분명한 이유가 있다.

재테크의 마법은 복리에서 시작한다

좋아하는 이솝우화 중에 〈황금알을 낳는 거위〉가 있다. 스토리는 이렇다. 한 농부가 일을 하고 있을 때 거위 한 마리가 농장으로 들어온다. 농부는 거위를 요리해 먹으려고 집 기둥에 묶어두었는데, 다음 날 거위가 황금알을 낳은 사실을 눈으로 확인하게 된다. 그 후에도 며칠 동안 거위는 황금알을 낳았다. 농부는 거위가 낳은 황금알을 시장에 내다 팔아서 큰돈을 벌었다. 그런데 어느 날 농부는 거위의 배를 가르면 더 많은 황금알이 쏟아져 나올 거라는 기대를 잔뜩 안고 거위의 배를 갈랐다. 하지만 안타깝게도 거위의 배에는 황금알이 없었고, 거위가 죽었기에 더는 황금알을 가질 수 없었다는 얘기다.

누구나 한 번쯤 이 우화를 들어본 적이 있을 것이다. 대부분이 알고 있는 이 우화의 주제는 '욕심을 부리지 말자'다. 농부의 욕심이 아니었다면 그는 부자가 되었을 테니까. 하지만 한편으로는 단리와 복리를 설명하는 우화로도 볼 수 있다.

단리와 복리는 재테크에서 기본으로 이해해야 하는 개념 중 하나로써, 이자를 계산하는 방법이다. 단리는 원금에 이자가 붙는 방식이며, 복리는 '원금+이자'에 이자가 붙는 방식이다. 간단한 공식으로 표현하자면 아래와 같다.

단리: 원리금 합계 = 원금x[1+(이율 x 연차 수)]

복리: 원리금 합계 = 원금x(1+이율)연차 수

동일 수치를 적용하면 복리가 단리보다 이자가 많이 붙음을 알 수 있다. 예를 들어 1,200만 원의 여윳돈을 연리 5%짜리에 3년간 예치했을 때 단리와 복리로 계산해보면 이런 결과가 나온다.

단리는 12,000,000x[1+(0.05 x 3)] = 13,800,000원

복리는 12,000,000x(1+0.05)3 = 13,937,667원

단리와 복리 모두 이자과세 15.4%를 떼고 이자를 적용하면, 단리는 약 52만 2천 원, 복리는 약 63만 9천 원의 이자를 얻는다. 약 17만 원의 차이가 발생하는 것이다. 총금액과 예치 기한이 늘어나면 둘의 차이는 더 벌어진다.

다른 예를 한 가지 더 들어보겠다. 1,200만 원의 여윳돈으로 A

와 B 중 한 가지를 고른다면 여러분은 무엇을 선택할 것인가?

> A: 금리 3%의 적금을 매달 100만 원씩 1년 동안 넣기
> B: 금리 2%의 예금에 1,200만 원 1년간 예치

일반적으로 A를 선택할 확률이 높다. 평범한 사람들은 이자를 1원이라도 더 받을 수 있는 곳을 선택하기 때문이다. 단순 수치로만 본다면 투입되는 총금액이 같았을 때 금리가 1%라도 높은 쪽이 더 많은 이자가 발생한다. 그런데 세후 이자를 적용하여 실제로 계산하면 A는 약 16만 4천 원, B는 약 20만 원의 이자가 발생한다. B가 A보다 약 3만 6천 원의 이자를 더 받는 것이다. 당연히 여윳돈이 많았거나, 기간이 길었다면 더 큰 차이가 난다. 일반적으로 적금은 단리로, 예금은 복리로 계산하기 때문이다. 즉, 이자에서는 1%의 금리 차이보다 단리와 복리의 개념이 더 크게 적용될 수 있다.

이솝우화에서 농부는 단기간의 욕심에 눈이 멀어 굴러 들어온 복인 복리를 뻥 하고 차버렸다. 매일 단 1개의 황금알을 낳는 거위는 단리지만, 황금알이 거위로 자라 다시 황금알을 낳는다면 복리다. 만약에 농부가 거위의 배를 가르지 않았다면 어떻게 되었을까? 아마도 인간의 욕심 때문에 그러기는 쉽지 않았겠지만 그가 이 책을 읽고 복리의 개념을 미리 알았다면 결과가 조금은 달라질 수 있었을 것이다.

복리의 마법 이해하기

천재 물리학자 아인슈타인은 복리를 마법이라고 불렀다고 한다. 복

리가 진정한 마법이 되기 위해선, 금액은 클수록 금리는 높을수록 기간은 길수록 좋다. 단리는 일정한 비율로 꾸준히 증가한다. 반면 복리는 초기에는 증가 폭이 크지 않지만, 기간이 길어질수록 증가 폭이 급격히 달라진다. 복리 개념을 적용했을 때 1억 원의 돈을 금리 5%와 7% 예금에 각각 5년, 20년 동안 예치해본다고 예를 들어 보자. 수령액은 세후 기준이다.

A(5%, 5년)= 123,972,144원

B(7%, 5년)= 135,331,097원

C(5%, 30년)= 393,371,169원

D(7%, 30년)= 702,055,686원

어떤가? 복리의 개념을 잘 이해하는 나도 이러한 결과에 항상 놀라곤 한다. 5년에서는 2%의 이율 차이가 약 1,135만 원이지만, 30년에서는 2%의 이율 차이가 무려 약 3억 2천만 원이다. 아쉽게도 현재 우리나라 예금에서는 이처럼 장기간의 복리 기준에 해당하는 상품이 없다. 예금의 최장기간은 36개월이며, 이율은 1~2%의 저금리다. 아마도 10년 이상의 복리 예금 상품이 출시된다면 리스크를 동반하는 주식과 부동산 대신에 모두가 은행으로 발걸음을 옮겨야 하지 않을까?

만약 예금과 적금 금리를 한눈에 비교하고 싶다면 금융소비자 정보포털 파인(http://fine.fss.or.kr) '금융상품 한눈에' 코너에서 확인할 수 있다. 이 코너에서는 저축 금액, 기간, 금융권역, 지역, 가입 대상을 기준으로 가장 금리가 높은 상품을 찾을 수 있다. 2022년 1월 기준으로 H 저축은행에서 나온 복리 예금이 세전 이자율 2.80%로 가장 높은 상품이다. 일반적으로 금리는 시중은행보다 저축은행이 높으며, 영업점보다는 온라인에서 조금 더 높게 적용된다.

어떻게 쓰이느냐에 따라 마법이 될 수도, 저주가 될 수도 있는 복리

복리의 마법은 투자에서도 빛을 발한다. 투자는 리스크가 동반되는 만큼 수익률도 예금, 적금보다 더 높을 수 있다. 복리의 힘을 이야기할 때 자주 언급되는 인물로 세계적인 투자가 워런 버핏Warren Buffett을 들 수 있다. 워런 버핏은 늘 장기투자와 복리의 중요성을 강조한다. 그는 자신의 자산 중 대부분을 60세 이후에 얻었다고 한다. 워런 버핏은 어느 한 인터뷰에서 그가 60세 이후에 그렇게 많은 돈을 벌게 된 이유에 대해, 단기적인 기술을 활용한 투자보다 이율이 낮더라도 복리를 활용한 가치 투자에 많은 힘을 쏟았기에 가능했다고 말했다.

하지만 복리의 마법이 언제나 긍정적인 결과만을 불러오진 않는다. 돈을 빌리는 채무자에게 복리는 지독한 저주와 다를 바 없다. 만약 빚에 복리가 적용되면 어떻게 될까? 체감으론 투자금보다 더 빠르게 빚이 불어난다고 느낄 것이다. 흔히 영화나 드라마에서 언급되는 '원금보다 이자가 더 많은 상황'이다. 매달 열심히 이자를 갚아도 원금은커녕 이자도 제대로 삭감되지 않는 느낌이 드는 이유다. 은행은 대출 이자에 대부분 단리를 적용하지만, 고금리로 복리가 적용되는 곳에서 돈을 빌렸다면 부채액은 단기간 내에 급격하게 빠른 속도로 증가한다. 1금융권을 제외한 곳에서 대출을 해야 되는 상황이라면 이 점을 늘 주의해야 한다.

복리를 이야기할 때 늘 언급되는 법칙으로 '72의 법칙'이 있다. '72÷이자율'이 적용되는 이 법칙은 원금이 두 배가 되는 기간이 대략 얼마나 걸리는지 알려주는 공식이다. 예를 들어 6% 이자율이라면 원금이 두 배가 되는 기간은 약 12년이다. 12% 이자율이라면 약 6년이다. 만약 2021년 7월 현재 법정 최고금리인 연 20%를 적용하여 대출하면 3년 6개월 만에 원금의 두 배를 갚아야 한다. 이 법칙을 어느 방향으로 적용하느냐에 따라 복리는 마법이 될 수도, 저주가 될 수도 있다.

사람들의 마음에는 회계장부가 있다

좋은 꿈을 꾸고 일어나면 상쾌한 기분이 든다. 그날은 뭔가 기분 좋은 일이 벌어질 듯하다. 행운을 믿지 않는 사람도 왠지 복권을 사야 할 것만 같다. 한 지인이 꽤 좋은 꿈을 꾸었던 경험을 얘기해준 적이 있다. 꿈에서 십여 마리의 돼지들이 자신을 향해 미친 듯이 달려왔다고 한다. 보통의 사람이라면 돼지꿈이라 하여 바로 복권을 구매했겠지만, 그는 잠에서 깨어도 별 감흥이 없었다. 이전에 더 좋은 꿈을 꿨을 때도 복권에 당첨된 적이 없었기 때문이다. 그런데 그는, 우연히 그날 길에서 천 원을 발견했다. 마침 근처에 복권을 구매하는 마트도 있었다. 그는 뭔가 운명 같은 느낌이 들어 천 원으로 복권을 구매했다. 그리고 소액이지만 처음으로 복권에 당첨되었다. 그는 당첨된 돈으로 다시 복권을 샀고, 더 많은 금액에 당첨되었다. 흥분에 휩싸인 그는 그 돈으로 모두 복권을 샀다. 하지만 결국, 단 1원도 손에 쥐지 못하고 모두 잃어버렸다.

여러분이라면 그 상황에서 어떤 행동을 했을 것인가? 만약에 나였다면 중간에 그만두고, 그 돈으로 가족과 맛있는 음식을 사 먹거나 미국 우량지수 ETF에 투자했을 것이다. 그런데 막상 그 순간이 되면 나도 그와 비슷한 선택을 했을지도 모르겠다. 큰 돈을 투자한 게 아니니 말이다. 지인도 마찬가지였던 것 같다. 이 이야기를 털어놓을 때 그의 모습은 몇백만 원의 돈을 잃은 사람처럼 보이진 않았다. 속은 쓰렸겠지만, 그냥 살면서 한 번 웃고 넘어갈 이야기인 듯 유쾌하게 이야기했다. 그가 그렇게 웃고 넘길 수 있었던 이유는 복권에 당첨된 돈을 흔히 말하는 공돈으로 여겼기 때문이다. 언뜻 보면 그가 큰돈을 잃은 듯 보이지만 실제로 잃은 돈은 천 원 혹은 0원이다. 처음에 천 원으로 구매한 복권이 당첨되지 않았어도 실제로 손해 보는 느낌은 들지 않았을 것이다. 하지만 만약에 실제로 돈을 번 상태에서 복권 구매를 멈췄다면 어땠을까? 그 돈은 자기 돈이 될 것이다. 이러한 인간의 심리는 흔히 도박하는 사람들에게 자주 보인다고 한다.

행동경제학에서의 마음의 회계장부

미국의 경제학자 리차드 탈러Richard H.Thaler는 사람들의 마음속에 예산을 세우고 지출을 통제하는 심리적인 회계장부가 존재한다고 했다. 그는 이를 심리적 회계 혹은 마음의 회계장부Mental Accounting로 명명했다. 마음에서 돈은 실제 회계장부처럼 주거비, 식비, 문화비, 의류비 등으로 분류되어 있다. 이 현상은 똑같은 금액이라도 가치를 다르게 간주하여 행위를 달리하는 경향으로 이어진다. 예를 들면 식비

1만 원과 문화비 1만 원을 다르게 생각한다는 의미다. 앞선 지인의 행동도 마음의 회계장부를 설명하는 대표 사례로 볼 수 있다. 마음의 회계장부는 인간의 행동을 관찰하고 그것이 어떠한 결과를 발생시키는지 경제학적으로 분석하는 학문인 행동경제학에서도 중요한 개념이다.

행동경제학의 아버지라 불리는 대니얼 카너먼Daniel Kahneman이 진행한 한 연구를 바탕으로 조금 더 설명해보겠다.

> 실험1: A는 100달러를 주고 뮤지컬 티켓을 구입했다. 오래전부터 보고 싶어 했던 작품이었던 만큼 신나는 마음으로 집을 나섰는데, 주머니에 티켓이 없음을 알았다. A는 뮤지컬 티켓을 다시 구매할까?
>
> 실험2: B는 현장에서 뮤지컬 티켓을 구매하기 위해 집에서 100달러를 준비했다. 티켓 판매 창구에서 자신의 차례가 다가와 돈을 확인했는데 돈이 없었다. 다행히 지갑에는 티켓을 살 수 있는 여윳돈이 있었다. B는 뮤지컬 티켓을 다시 구매할까?

이 두 가지 실험은 어쩌면 똑같은 내용으로 볼 수 있다. 상황과 상관없이 뮤지컬을 보기 위해서는 100달러의 추가 지출이 필요하기 때문이다. 그런데 실험 결과, B가 A보다 티켓을 구매할 확률이 더 높았다. A는 문화생활비로 총 200달러를 지출해야 한다고 판단했다. 아무리 보고 싶은 뮤지컬이라도 문화비로 200달러는 조금 비싸다고 마음에서 반응한 것이다. 반면 B는 100달러의 돈을 잃어버렸을 뿐 문화생활비로는 아직 비용을 지출하지 않았다. 현금 100달러와 뮤지컬 티켓을 구매하기 위해 사용하는 100달러는 심리적으로 엄연히 다른 비용으로 계산한 것이다. 똑같은 금액임에도 손실의 발생 원인을 다르게 판단해버린 결과다.

　마음의 회계장부는 행동경제학 이전의 고전 경제학에서는 거의 적용되지 않는 논리다. 고전 경제학에서 돈은 어차피 똑같은 가치를 지니기 때문이다. 100달러로 뮤지컬 티켓을 사든, 화장품을 사든, 저녁 식사를 하든 소비한 금액은 동일하게 100달러다. 지인이 길에서 천 원을 주웠든 노동으로 천 원을 벌었든 천 원이라는 가치는 달라지지 않는다. 다만, 시대가 변하면 현상을 보는 관점도 달라지듯이, 재테크를 공부한다면 행동경제학에서 바라보는 돈의 가치를 알아둘 필요가 있다.

마음의 회계장부를 대하는 우리의 자세

모든 현상에는 양면이 존재하지만, 마음의 회계장부는 긍정적인 면보다 부정적인 면이 조금 더 두드러진다. 돈은 명백히 현물이다. 그런데 마음 안에서는 돈을 가상의 물질로 여기다 보니 수입과 지출의 균형을 맞추기가 쉽지 않다. 마음에서 균형을 억지로 맞추다 보면 오히려 정신적인 압박으로 되돌아올 수 있다. 자기감정을 조절하는 게 서툰 사람일수록 이 압박이 더 크게 반영된다. 또한, 돈을 공돈처럼 대하면 투자에서 손해가 발생할 확률이 높다. 욕심이 과하면 단순 손해를 넘어 회복하기 힘든 수준으로 번지기도 한다. 대부분 사람이 도박에서 돈을 잃는 이유이기도 하다. 투자의 개념이 아니더라도 회계 항목마다 설정된 상대적인 가치에 따라 돈을 소비가 아닌 낭비의 개념으로 소진할 수 있다. 말 그대로 돈이 새 나가게 되는 것이다.

물론, 마음의 회계장부에는 긍정적인 면도 존재한다. 우리는 종잣돈을 마련하기 위해 넣는 적금, 집을 구매하기 위해 넣는 주택청약 등은 정말 특별한 상황이 아니라면 다른 비용으로 옮기지 않는다. 이미 그 방에는 튼튼한 자물쇠가 채워져 있기 때문이다. 돈을 쉽게 모으지 못하는 성향을 지녔다면 이 방법을 잘 활용해보면 좋다.

마음의 회계장부에 스며드는 경향을 스스로 고치는 것은 어렵다. 그럼에도 우리는 마음의 회계장부의 긍정적인 면은 자신의 손에 쥐고, 부정적인 면은 제거하려는 노력이 필요하다. 그러기 위해서 마음의 회계장부를 이해하고 받아들이려는 노력이 우선되어야 한다. 그래야 자신이 돈 쓰는 방식뿐만 아니라 타인이 돈을 대하는 방식도 빠르게 이해할 수 있다.

똑똑한 저축으로 현명한 재테크하기

지금은 사라졌지만 내가 어릴 때만 해도 대부분 집에는 빨간색 돼지 저금통 한 마리씩은 있었다. 아이들을 키우는 집이라면 꼭 있었던 것 같다. 부모가 자식에게 돼지 저금통을 건넨 이유는 자식이 돈을 모으는 기쁨을 느껴봤으면 하는 소망에서 나왔을 것이다. 동전이 하나씩 모이다 보면 어느새 지폐가 들어가지 못할 정도로 돼지 저금통 안은 꽉 차버린다. 돼지 저금통의 크기가 크고, 무거울수록 돈을 많이 모았다는 뿌듯함을 넘어 뭔가 모를 성취를 느끼기도 했다. 부모님들은, 자식이 돼지 저금통을 통해 저축이 습관화되면 그들이 성인이 되어서도 자연스럽게 예·적금으로 옮겨갈 수 있다고 판단했을 것이다.

당시의 부모에게 저축은 재테크의 기본이자 핵심이었다. 그 당시 저축이 얼마나 활기를 띠었는지는 〈응답하라 1988〉에서 성동일 배우의 대사로 유추할 수 있다.

"은행 금리가 쪼까 내려가지고 15%밖에 안 되지만, 그래도 목돈은 은 행에 넣어놓고 이자 따박따박 받는 게 최고지."

즉, 돼지 저금통은 당시의 부모가 자식에게 건네는 그들만의 간 접적인 재테크 지식의 전파였다.

저축에 대한 오해

하지만 지금은 빨간색 돼지 저금통이 잘 보이지 않는다. 이는 크게 두 가지 이유로 나눌 수 있다. 한 가지는 금액의 상대성이다. 돼지 저금 통의 묘미는 동전을 저금통에 넣었을 때 밑에 있는 동전과 부딪혀 나 는 '땡그랑' 소리다. 그런데 요즘은 동전을 잘 사용하지 않는다. 물론 지폐를 넣어도 되지만, 꽉 찬 돼지 저금통의 무게를 느끼는 기쁨을 만 끽하긴 어렵다.

다른 한 가지는 성인이 느끼는 저축에 대한 인식의 변화 때문이 다. 저축의 꽃이라 불리는 적금을 예로 들어보겠다. 불과 30년 전만 해도 성동일 배우가 말했듯 예·적금의 이자가 최소 연 10%였다. 그 런데 지금은 어떤가. 1금융권의 예·적금은 최대 금리가 3%를 넘기지 못할 만큼 저금리이다. 예·적금은 재테크에서 별다른 메리트가 되지 않는다고 생각하는 것이다. 어릴 적 돼지 저금통의 좋은 추억을 가진 부모라고 할지라도 말이다. 부모의 생각은 의도치 않게 아이에게 전달된다. 그리고 저축을 중요하게 생각하지 않는 부모가 자녀에게 저축을 권하기는 쉽지 않다.

그런데 푼돈에서 종잣돈으로 넘어가기 위해서 저축의 개념은 아주 중요하다. 특히 돈이 많지 않은 학생이나, 사회 초년생에게는 필수에 가깝다. 이들은 수입에서 지출을 제외한 나머지 금액의 대부분을 저축으로 활용해야 한다. 예·적금은 금리가 낮을 뿐 엄연히 투자자산이다. 땅을 파도 이자가 안 나오는데, 은행에 돈을 넣기만 해도 이자가 나온다. 그리고 무엇보다 중요한 건 안전자산이라는 것이다. 주식, 부동산과는 달리 은행이 망하지 않는 한 손해가 없다. 은행이 망한다고 해도 예금자보호법에 따라 5,000만 원까지 보상이 가능하다. 하이 리스크 하이 리턴은 아니지만, 제로 리스크 로우 리턴의 개념이다. 흔히 말하는 본격적인 투자는 저축을 통해 종잣돈을 모은 뒤 해도 그다지 늦지 않다.

똑똑한 저축하기

일반적으로 '저축=적금'으로 여기지만, 적금은 예금의 한 종류다. 예금은 일정한 계약에 의해 금융기관에 돈을 맡기는 일을 말한다. 예금은 크게 요구불 예금(예금주의 요구가 있을 때 언제든지 지급할 수 있는 예금)과 저축성 예금('저축성예금'은 예금주가 일정기간 동안은 돈을 회수하지 않을 것을 약속하고 일정 금액을 은행에 예치하는 것)으로 나뉘며, 저축성 예금은 적립식 예금과 거치식 예금으로 나뉜다. 우리가 일반적으로 말하는 적금과 예금은 적립식 예금과 거치식 예금을 말한다.

적금과 예금의 큰 차이는 단리와 복리다. 둘의 개념은 앞서 〈황금알을 낳는 거위〉에 비유해 설명했듯, 단리는 원금에만 이자가 붙으며, 복리는 원금+이자에 이자가 붙는다. 금리 3%의 단리 적금과 금리 2%의 복리 예금을 똑같은 기간에 똑같은 금액을 넣는다면 예금이 더 많은 이자를 가져온다. 금액이 많고, 기간이 길다면 차액은 더욱더 벌어진다. 일반적으로 적금 금리가 예금 금리보다 최소 1.85배 더 높으면 적금이 더 많은 이자를 받는다.

이자로만 본다면 여러분은 예금을 선택해야 한다. 그런데 적금이 저축의 대표성을 띠는 이유는 기간별 소액 납입이 가능하기 때문이다. 예금은 일정 이상의 돈을 거치해야 한다. 하지만 여윳돈이 마땅치 않은 사람에게 큰돈을 은행에 묶는 건 부담으로 느껴진다. 최근에는 저축 한도가 1만 원 이상만 되면 예금에 예치가 가능하나, 복리의 힘은 돈이 많으면 많을수록 빛을 발한다.

적금은 정기적금과 자유적금이 있다. 정기적금은 일정 기간 매달 동일한 금액을 넣는 방식이다. 자동이체를 해놓으면 별도로 신경쓰지 않아도 정해진 날짜에 정해진 금액이 자연스럽게 입금된다. 자유적금은 정해진 기한 없이 넣고 싶을 때 입금할 수 있다. 한 달에 몇 번이든 추가로 납입이 가능하다는 것이다. 이는 월 소득이 일정하지 않아 저축금액을 고정하기 힘든 사람에게 효과적인 방식이다. 납입의 총액이 크지 않다면 사람들은 약간의 이자 차이보다 편의성을 더 우대한다.

다양한 방식의 예·적금 고려해보기

일반적으로 1금융권의 시중 은행보다 저축은행의 예·적금 금리가 높으며, 영업점보다 온라인 전용 상품이 이자를 조금 더 준다. 가끔 저축은행을 부정적으로 여겨 저축은행 예·적금도 불안해하는 사람들이 있다. 물론 저축은행 부실 사태로 인해 저축은행이 시중 은행보다 신뢰도 면에서 여러모로 부족한 게 사실이다. 하지만 저축은행도 여러 절차에 따라 고객들의 신뢰를 회복하려 노력하고 있다. 그 결과 저축은행의 5,000만 원 이상 순초과예금이 16조 5,415억 원이라고 한다. 예금자 보호를 받는 총예금 76조 4,000만 원의 13.9%에 해당하는 것이다. 고객을 유치하기 위해서 시중 은행보다 금리가 약간 높은 것도 그 이유에 해당되지만, 이미지가 조금씩 개선되고 있다는 증거가 아닐까 생각된다. 물론, 저축은행의 위험성을 간과해서는 안 된다. 하지만 적절하게 잘 활용하는 것도 필요하다고 본다. 대신 저축은행의 예·적금 금액은 고려할 필요가 있다. 저축은행도 예금자보호법에 해당하므로 저축은행이 파산해도 5,000만 원까지 보호되지만, 가지급금 상한선은 2,000만 원이기에 그 이내에서 유지하는 게 가장 좋은 방법이다.

적금은 2~3개로 나누어서 가입하는 것을 추천한다. 시중 은행의 적금 중도해지 비율은 무려 40%다. 특별한 이유가 있겠지만, 얼마 안 되는 이자라도 놓치면 아깝다. 게다가 돈을 모으는 강제성도 일시적이지만 사라지게 된다. 적금을 들 때도 해지할 수 있다는 가정하에 금액을 나누는 걸 권장한다. 예를 들어 월 100만 원의 적금을 들기로 했다면 5:3:2, 4:3:3의 비율로 나눠 가입하는 것이다. 만약 급하게 돈이 필요해서 적금 1개를 해지한다 하더라도 나머지 2개가 남아있을 것이다. 적금을 2개 이상 진행한다면 단위가 큰 적금은 정기적금으로, 나머지는 자유적금으로 넣는 걸 추천한다. 종잣돈 마련에는 일정의 강제성이 필요하기 때문이다. 일정 금액이 준비되어 있다면 예금과 적금을 동시에 넣어도 된다. 복리의 힘은 직접 경험해야 체감할 수 있다.

가끔 시간이 오래 지나거나, 정신이 없을 때 들어놓은 예·적금을 깜빡할 때가 있다. 오랜 기간 방치해두었다면 휴면계좌가 될 수 있다. 그러한 돈이 무려 1조 4,000억 원에 육박한다고 한다. 이때 금융결제원에서 운영하는 계좌정보통합관리서비스www.payinfo.or.kr에서 휴면계좌를 비롯해 자신의 이름으로 된 계좌를 전부 확인할 수 있다.

물론 주식, 부동산의 투자방식에 비해 예·적금으로 돈을 많이 모으지 못할 수 있다. 다만, 계속 강조하듯이 돈이 많지 않다면 돈을 모으는 경험만큼이나 잃지 않는 경험이 중요하다. 여유자금이 없을 때 돈을 잃으면 돈뿐만 아니라 재테크에 대한 자신감도 잃게 된다. 물론, 투자 공부가 어느 정도 된 사람들이라면, 미국 우량지수를 추종하는 ETF 등을 저축과 병행하는 것도 방법이다. 다만, 아직 투자 공부가 되어 있지 않다면, 돈을 모으는 습관을 길러준다는 의미에서 저축은 생각보다 큰 힘을 발휘할 수 있다.

은행이 당신에게 알려주지 않은 진실

앞의 내용을 통해 지출 통제 능력을 키우지 못하고, 종잣돈이 없는 재테크 초보들에게는 예금도 중요한 재테크 방법이라는 사실을 다뤄봤다. 하지만 당신이 알아야 할 중요한 사실이 있다. 예금의 진짜 본질은 우리가 은행에 돈을 맡기고 이자를 받는 게 아니다. 은행이 오히려 우리에게 '이자'라는 푼돈을 주고, 우리의 목돈을 빌려가는 것이다.

당신이 만약, 은행에 1년 예금으로 1,000만 원을 맡겨도, 0.7%

금리로 계산하면 59,200원 밖에 되지 않는다. 이건 바꿔 말해, 은행이 당신에게 1년에 59,200원만 주고, 당신의 돈 1,000만 원의 사용권을 획득했다는 것이다. 그러니까 당신은 은행에게 0.7% 이율로 1,000만 원을 대출해 준 것이다. 은행은 당신에게 저렴하게 빌린 1,000만 원으로 당신에게 줄 59,200원의 이자보다 더 높은 수익률을 가져다 줄 다른 자산에 투자해서, 훨씬 많은 이득을 얻는다. 혹은 그 1,000만 원을 더 많은 금리를 받고 다른 사람에게 대출해 준다. 즉, 은행에 예금을 넣는다는 건, 당신의 목돈을 헐값에 은행에 빌려주는 행위다.

당신이 열심히 일한 후, 받은 귀한 월급을 은행 예금에 모두 넣고 아무런 액션을 취하지 않는다면 당신은 결코 부자가 될 수 없다. 그럼 평범한 직장인인 당신은 어떻게 하는 게 좋을까?

간단하다. 당신이 힘겹게 받은 월급을 저렴하게 은행에 빌려주지 말고, 그것보다 더 많은 돈을 주는 곳에 빌려주고, 은행은 아주 저렴한 이율로 돈을 빌릴 때만 이용하면 된다. 은행이 당신을 상대로 돈을 벌었던 방법을 당신이 역으로 하면, 당신이 돈을 버는 것이다.

우리는 지금까지 은행 예금 이자가 대단한 혜택이라고 여기고 살았다. 이제는 그 개념을 부숴야 한다. 은행은 자선 단체가 아니라, 영리 기업이고 나중에 은행이 망한다고 해서, 국가가 우리의 돈을 다 돌려주는 것도 아니다. 앞서 말했듯, 예금자 보호에 의해 5천만 원까지만 보호될 뿐이다.

분식집은 '떡볶이'를 팔아서 돈을 벌고, 치킨집은 '치킨'을 팔아서 돈을 벌듯, 예금과 대출 금리 차이를 이용해, 사람들에게 저렴한 이자로 예금을 통해 돈을 확보한 후, 대출은 비싼 금리로 주면서 돈을 버는 것이다. 이를 '예대마진'이라 한다. 은행은 금융 지식이 적은 서민에게 '예·적금' 상품을 달콤하게 포장한 다음, 쥐꼬리 만한 이자를 주고 목돈을 빌려간다. 1명이 아닌, 수백만 명에게 빌리기 때문에, 금액은 천문학적이 된다. 은행의 영업이익은 우리가 상상하는 것 이상으로 엄청나게 크다. 예금만 하는 사람은 점점 더 가난해지는데, 은행은 점점 더 부자가 되는 이유가 여기에 있다. 은행원들이 퇴직금으로 수억 원을 받았다는 뉴스가 괜히 나오는 게 아니다.

당신이 가난에서 벗어나려면 은행 예금만 해서는 절대 안된다. 반드시 투자를 공부해서, 현명한 투자로 수익률을 늘려야 가난을 벗어날 수 있다. 반드시 명심하자. 부자가 되기 위해서는 은행의 장점을 이용해야 하지, 절대 은행을 맹신해선 안 된다.

3

티끌모아 태산, 절약이 힘이다

신용카드 현명하게 사용하기

사람들이 재테크에서 종종 오해하는 한 가지가 있다. 체크카드는 좋고, 신용카드는 무조건 나쁘다는 것이다. 재테크는 자신의 소비패턴을 파악하는 데서 시작하는데, 그렇다면 신용카드는 분명 부정적인 역할을 하는 게 맞다. 신용카드는 월 단위로 내가 소비한 '총 금액'을 확인하는 역할에 그친다. 단순히 카드 명세서만으로 자기 소비패턴에서 어떠한 부분이 단순 소비인지, 낭비인지 파악하기란 몹시 어렵다. 소비 습관이 제대로 자리 잡지 못한 사회 초년생이라면 더욱 그렇다.

지금은 신용카드를 발급하는 데 꽤 복잡한 절차를 거치지만, 한때 은행이나 증권사에서 별다른 절차 없이 신용카드를 발급하던 시절이 있었다. 이 시절, 신용카드를 발급하는데 직장의 유무는 크게 중요하지 않았다. 신용카드의 부정적인 관점은 이때부터 시작됐다. 연체일 수 90일 이내에 카드 값을 갚지 못하는 사람에게는 채무불이행자란 명칭이 붙는데, 이는 흔히 말하는 신용불량자다. 한 번 붙은 신용불량자 꼬리표를 떼어내기란 쉽지 않다.

신용불량자는 한 번에 큰 단위의 돈을 갚지 못해서 생길 때보다 적은 금액의 연체가 쌓이고 쌓여 발생할 때가 더 많다. 눈덩이처럼 불어난 금액을 알아챘을 때는 이미 버스가 지나가 버린 뒤다. 자기 소득 수준에서 갚기 힘든 금액일 가능성이 높고, 특히 사회생활을 시작하지도 않은 20대라면 그저 막막하기만 하다. 이를 증명하듯 2012년 나이스신용평가정보에 따르면 연령대별 다중채무자의 부실률 중 20대가 12.2%로 가장 높았다고 밝혔다. 20대 다중채무자 100명 가운데 12명이 신용불량자라는 의미다. 30대 이상 평균 부실률 6.3%의 두 배에 달하는 엄청난 수치다.

주변에 신용카드를 가위로 자르거나 반으로 접어서 쓰레기통에 던지는 사람이 꽤 많다. 신용카드를 쓰지 않겠다는 필사적인 다짐을 보여주는 것이다. 체크카드 하나만으로도 일상을 살아가는 데 큰 불편을 느끼지 못하는 사람은 신용카드의 필요성을 모르기도 한다. 그런데 일상에서 신용카드가 필요한 순간들이 있다. 그럴 때면 신용카드를 써야 할지 말아야 할지의 갈래에 서는 자신을 발견하게 된다. 신용카드는 아무런 계획 없이 무분별하게 사용할 때 부정적인 부분이 두드러진다. 하지만 계획을 세우고 현명하게 사용한다면 신용카드는 긍정적인 역할을 할 수 있다.

신용카드 현명하게 사용하는 법

신용카드를 현명하게 사용하려면 신용카드와 관련된 나만의 기준이 필요하다. 언제 신용카드를 사용할지, 월 소비금액 한도는 얼마로 할지, 할부 기한은 어떻게 결정할지, 카드 개수는 몇 개로 할지 등이다. 기존에 신용카드를 사용하는 사람이라면 각자의 기준이 존재하겠지만, 아직 신용카드 경험이 없거나, 자신의 소비 패턴을 잘 모르는 사람이라면 기준이 마땅치 않을 수 있다.

신용카드를 적극적으로 활용하는 사람들은 카테크라는 말을 종종 사용한다. 이는 카드 개수에 신경 쓰기보다는 효율적으로 활용하는 방법에 초점을 맞춘다는 말이다. 같은 카드사의 카드를 여러 개 가지고 있으면 제휴비가 한 번만 나갈 수 있고, 연회비가 일부 면제되기도 한다. 신용카드를 사용할 때 제휴비나 연회비가 제일 아까운데, 그 부분을 해소하는 것이다. 우리나라의 신용카드 종류는 무려 2만 개가 넘는다고 한다. 꼼꼼하고 세심한 성격을 가졌거나, 스스로 소비 습관을 통제할 수 있다고 여긴다면 카드사별로 제공하는 할인을 파악하여 신용카드를 사용하는 게 여러모로 효율적일 수 있다. 단, 카드 개수와 상관없이 카드에서 빠져나가는 금액은 주거래 통장 한 군데로 통일하고, 결제일은 같은 날로 지정하면 좋다. 이는 출금을 놓치는 상황을 사전에 방지하게 해준다. 혹여나 한 번 놓쳤어도 주거래 통장에 돈을 입금하여 빠르게 해결할 수 있다.

사용하는 신용카드 개수는 1~2개가 좋다. 신용카드가 많은 사람이라도 대부분 사용하는 카드는 정해져 있다. 소수의 신용카드를 집중해서 사용하면 신용도를 높일 수 있다. 신용도가 높아지면 수수료 할인, 포인트 적립 등에 유리한 역할을 한다.

신용카드의 가장 큰 특징

신용카드의 가장 큰 특징 중 하나는 바로 할부다. 할부는 매달 상환해야 하는 금액이 발생하여 저축을 방해하는 역할을 한다. 하지만 가전기기, 자동차 등 큰 금액의 물건을 구매하는 경우에는 적절히 활용할 수 있다. 대신 카드를 신청할 때 실제 한도를 설정하여 소비금액의 제약을 걸면 좋다. 그게 아니라면 스스로 가상의 한도를 정해야 한다. 이 때 카드 혜택을 받기 위해서 월 30만 원 정도씩 써야 하는 최소 금액이 존재하는데, 가상의 한도는 월 최소 소비금액 이상으로 설정하면 된다. 다만, 월 실적을 무조건 채우기 위해 새로운 지출을 만드는 행위는 피해야 한다.

할부는 선결제 제도를 활용해도 좋다. 제품을 구매할 때 일부 금액을 선지급 후 나머지 금액을 할부로 적용하면 할부 수수료를 줄일수 있다. 할부 시 무이자 기간을 알아두는 것은 필수다. 이자 개념이 익숙하지 않은 사회 초년생들이라면 이자의 무서움을 쉽게 파악하기 힘들다. 무이자가 아니라면 할부 개월 수를 짧게 가져가야 한다. 카드사마다 할부 구간과 이자율이 다르지만, 할부 개월 수가 늘어날수록 이자율도 비례할 때가 많다. 그렇다고 무이자의 늪에 빠져서는 안 된다. 카드사는 자선기관이 아니다. 무이자 할부로 구매한 비용이 전월 실적에 포함되지 않거나 포인트 적립에서 제외될 때도 있다. 이를 카드 사용 전에 미리 확인하는 습관이 필요하다.

숨어있는 신용카드 포인트 사용법

신용카드를 현명하게 사용하느냐, 그렇지 않냐의 차이는 포인트 활용에서 발생한다. 예전에는 포인트가 쌓여도 활용처가 많지 않았다. 카드사와 연계된 특정 사이트에서 제품을 구매하는 게 전부였고, 물건의 종류도 많지 않았다. 하지만 최근에는 사이트에서 구매할 수 있는 물건의 종류가 다양해졌을 뿐만 아니라 항공 마일리지 전환, 연회비 납부, 공과금 납부도 포인트로 진행할 수 있다.

그런데 사람들은 대부분 포인트를 그냥 내버려두는 경우가 많다. 금융감독원에 따르면 매년 소멸되는 카드 포인트가 약 1,000억 원 수준이라고 한다. 카드 포인트는 카드사 개별 홈페이지 및 어플에서 조회할 수 있고, 카드포인트 통합조회시스템www.cardpoint.or.kr을 통해서 카드사별 전체 포인트를 한눈에 확인할 수도 있다. 만약 포인트를 다 쓰지 못하고 부득이하게 카드를 해지해도 카드사의 정책에 따라 남은 포인트를 쓸 수 있는데, 연회비도 남은 기간만큼 환급받을 수 있다. 카드를 해지하기 전에 미리 카드사에 문의하여 확인할 수 있는 부분이다.

카드사에서 포인트를 선지급한 뒤 결제액의 일부를 할인해주는 포인트 선지급 서비스(세이브포인트)도 있다. 예를 들어 100만 원짜리 가전제품을 살 때 일부 포인트를 선지급 받고 나머지는 자신이 결제하는 방식인데, 물건을 구매할 때 들이는 돈이 적어져서 소비자에게 유리해 보이지만, 이는 할인이 아닌 일종의 부채와 같다. 선지급된 포인트는 향후 1~3년 동안 카드를 사용하면서 발생하는 포인트로 상환해야 한다. 그러기 위해서는 일정 금액 이상의 카드 비용이 계속 발생해야 하고, 이는 카드를 계속 쓰게 만드는 족쇄 역할을 한다. 뿐만 아니라, 정책에 따라 결제금액을 채우지 못하거나 일정 기간 미납되면 미상환액을 일시에 지급할 수도 있다. 다시 한번 말하지만, 카드사는 여러분의 자선기관이 아니다.

푼돈 모아 종잣돈 만들기

살다 보면 '티끌 모아 태산'이란 말을 종종 듣는다. 유명한 속담인 만큼 속담의 뜻을 모르는 사람은 거의 없을 텐데, 이 말은 재테크에서도 적용된다. 적은 돈일지라도 차근차근 모으고 모으다 보면 큰돈이 될 수 있다는 의미다. 재테크에 관심을 갖는 누구에게나 해당하고 특히, 이제 갓 사회에 진입하여 돈을 벌기 시작한 사회초년생들에게 이보다 좋은 격언은 없다고 본다.

그런데 나는 가끔 스스로에게 되묻곤 한다. 과연 100원, 200원 아끼고 모은다고 해서 1억, 10억 단위의 큰돈이 될 수 있을까? 재테크에 자신이 없는 사람일지라도 티끌이 모여 태산을 이룰 만큼 긴 시간이 흐르면 가능할 것이다. 문제는 언제일지도 모르는 시간을 막연하게 기다리기란 참 어려운 일이라는 사실이다. 시간의 가치를 중요하게 여기는 사람이라면 차라리 리스크가 동반하더라도 한 번에 돈을 많이 버는 방법을 선택할 수도 있다. 괜히 하이 리스크 하이 리턴이란 말이 만들어진 게 아니니까. 그런데 아무리 생각해도 내게 돌아오는 답은 '그렇다'다. 티끌만큼의 푼돈이 태산만큼의 큰돈이 될 수 있다는 것이다.

티끌이 태산이 되기 위해서는 한 가지 조건이 필요하다. 모래를 한 알씩 쌓아서는 모래성을 쌓기도 전에 지쳐버린다. 그런데 일정 이상의 모래바닥이 생기면 모래성을 쌓는 시간을 조금 단축할 순 있다. 그렇기에 우리는 태산이 될 수 있는 기반인 종잣돈을 만들어야 한다.

종잣돈의 정해진 기준은 없으나, 일반적으로 1단위를 기준으로 해서 1천만 원, 1억 원 등으로 정하면 된다. 달성 일자는 빠르면 빠를수록 좋다.

　푼돈이 종잣돈이 되려면 두 가지 방법이 있다. 한 가지는 수입 늘리기이며, 다른 한 가지는 지출 줄이기다. 두 가지가 동시에 이뤄진 다면 생각보다 빠르게 종잣돈의 영역에 도달할 수 있다. 하지만 세상 모든 일이 그렇듯 두 마리 토끼를 동시에 손에 쥐기란 정말 어렵다. 그렇다면 우리는 어떤 토끼를 손에 쥐어야 할까?

　월수입이 200만 원이던 사람이 몇 달 만에 월수입이 1,000만 원이 되면 단기간 내에 종잣돈을 마련할 수 있다. 그런데 이는 매우 어려운 일이다. 일반적으로 고소득 수입은 창의성 혹은 전문성에 기반을 둔다. 시대가 바뀌면서 수입을 창출하는 루트가 다양해졌지만, 창의성과 전문성을 단기간 내에 발전시키는 것은 어렵다. 특히, 한 분야에 갓 발을 담근 사회초년생에게 전문성을 기대하기란 무척 힘든 일이다. 갑작스럽게 다른 회사에서 자신의 전문성을 인정하여 기존의 회사보다 더 높은 연봉으로 스카우트 제의가 들어오는 건 흔치 않은 일이니까. 창의성과 전문성이 없어도 수입이 갑자기 늘어날 수도 있지만 이 확률은 희박하기에, 지출 줄이기라는 나머지 토끼를 손에 쥐는 게 현실적으로 더 효율적인 선택이다.

지출을 줄이는 방법

지출을 줄이기 위해서는 소비패턴을 빠르게 파악해야 한다. 이 때 가계부가 가장 좋은 선택지가 될 수 있다. 지출 목록이 분류별로 한눈에 들어오기 때문이다. 만약에 가계부가 귀찮고 힘들다면 통장 내역이라도 빠르게 정리해야 한다. 가계부만큼 지출 내역을 세분화할 수는 없지만, 소비패턴이 단순하면 어느 정도 파악이 가능하다.

지출이 파악되면 고정지출을 줄여야한다. 고정지출은 대부분 습관에서 발생한다. 습관이 무서운 이유는 자신도 모르는 사이에 일련의 행위가 이루어지기 때문이다. 매월 일정 시기만 되면 자연스럽게 통장에서 빠져나가는 돈이기에 우리는 그 순간들을 '당연하게' 받아들인다. 이 때 우리는 반드시 당연한 절차 안에 존재하는 소비와 낭비를 구분해야 하고, 스스로 판단했을 때 낭비라 여기는 항목이 있다면 과감하게 잘라내야 한다. 만약 낭비가 이뤄지지 않았다면 현재의 소비에서 지출을 조금 더 줄일 수 있는 방법을 찾아야 한다. 이미 그 단계를 실천하고 있다면 더는 줄일 항목이 없다고 판단하겠지만, 분명 숨겨진 1인치가 있을 것이다. 고정지출을 줄인 후 최소 비용만 남겨놓고 나머지는 예·적금으로 저축해야 한다. 저축 비율의 정해진 답은 없지만, 남은 돈에서 최소 50% 이상을 하면 된다. 종잣돈을 조금이라도 더 빨리 모으고 싶다면 80%, 90%까지도 가능하다.

고정 지출을 줄이고, 50~90%까지 저축하는 것은 꽤 녹록치 않은 삶이다. 실제로 이런 삶을 살아본 사람이라면 더욱 그렇게 느낄 것이다. 월수입 200만 원 중 필수 고정비를 40만 원으로 본다면, 남은 160만 원 중 20~30만 원으로 한 달을 살아가야 한다. 하루에 만 원도 안 되는 금액이다. 생활비에는 점심값, 친구 혹은 이성과의 데이트비, 영화관에서 영화를 보는 문화비도 있다. 점심 한 끼에 7~8천 원, 영화 한 편에 14,000원씩 하는 지금 시대에 한 달에 20~30만 원으로 일상을 보내기에는 턱없이 부족하다. 성인이 되어, 사회생활을 하며 돈까지 버는 데 이렇게까지 해야 하는가 자괴감이 들 수도 있다. 내가 여기서 말하는 것은 권장 사항이지, 필수 사항은 아니다. 누구나 이럴 필요는 없다. 다만 애초에 부자가 아닌 이상, 종잣돈을 만들기 위해 어느 정도의 시점까지는 필수로 거쳐야만 하는 과정이다.

나는 사회초년생 시절에 월세 35만 원의 고시원에 살았다. 빌라나 아파트에 살고 싶었지만, 보증금을 낼 돈이 없었기 때문이다. 천만 원 단위의 보증금은 사회초년생인 내게 태산만큼 큰돈이었다. 환경적으로 고시원이 불편했지만, 당시에는 최선이었다. 그런데 시간이 지나면서 고시원 생활의 불편함이 고시원을 떠나고 싶은 마음으로 이어졌다. 대부분이 그렇듯 조금이라도 더 나은 집으로 가고 싶었다. 그러나 문제는 종잣돈이 없었다는 것이다. 그때 나는 목표를 세웠다. '보증금을 마련해 얼른 이 곳을 벗어나야겠다.'

하지만 전문성이 부족했던 내 수입이 갑자기 늘어날 방법은 없었다. 그래서 처음에는 지출을 줄이는 방법을 선택했다. 우선 고정지출부터 줄였다. 대형 통신사에서 알뜰폰으로 바꾸고, 보험도 실비를 제외하고는 들지 않았다. 지갑에 있는 신용카드를 가위로 잘라버렸고, 체크카드를 활용해서 소비 습관을 새롭게 구축했다. 생활비에서 가장 많이 들어가는 식비는 고시원에서 제공하는 밥과 김치, 회사에서 주는 식대를 활용해서 대부분 해결했다. 문화비는 생각조차 하지 않았다. 고정지출을 제외한 나머지 돈의 80%를 적금으로 저축했고, 혹여나 돈을 낭비할 수도 있을 거란 생각에 적금에 들어갈 비용은 월급에서 자동이체 시켜놓았다. 남은 20% 중에서도 생활에 필요한 최소한의 금액을 제외하고 CMA(예탁금을 어음이나 채권에 투자하여 그 수익을 고객에게 돌려주는 실적배당 금융상품)에 넣었다.

돈을 버는 한 사람으로서 '평범한 사람처럼' 물건을 사고, 맛있는 음식을 먹고 싶은 마음이 없던 건 아니었다. 다만, 그때 그 순간이 돈을 꼭 모아야만 하는 시기라고 여겨 지출을 줄이고 남은 돈으로 저축했던 것이다. 돈을 아껴서 힘든 것보다 오히려 평범한 사람처럼 생활하고픈 욕구와 싸우느라 많은 어려움이 있었다. 다행히 그 힘든 순간을 이겨내고 1~2년 뒤에 일정 종잣돈을 모으는 결실을 맛보았다. 그사이에 수입이 조금씩 증가하면서 모이는 돈의 액수도 점점 늘었고, 얼마 후 비록, 반지하이긴 하지만, 서울에 전셋집 보증금을 마련할 수 있었다.

저축이 습관이 되어야 하는 이유

나와 같은 노력이 아니더라도 각자의 방식으로 빠르게 종잣돈을 마련할 수 있을 것이다. 만약 자기만의 투자법을 바탕으로 소액의 푼돈으로 시작해, 일정 종잣돈을 모았다면 정말 대단한 일을 한 것이다. 뿐만 아니라, 돈을 불리는 과정에서 일정 금액의 손해를 보았다고 해도 젊은 시절의 소중한 경험으로 여길 수 있다. 다만, 투자로 인한 손실은 사회초년생에게 생각보다 큰 리스크로 다가올 수 있다. 일반적으로 10억 원에서 1억 원을 얻는 것과 100만 원에서 10만 원을 얻는 것 중 만족도의 정도를 따진다면 전자가 더 크다. 반대로 10억 원에서 1억 원을 잃는 것과 100만 원에서 10만 원을 잃는 것 중 실망감의 정도를 따지면 후자가 더 크다. 푼돈으로 투자를 시작해서 종잣돈을 만들어도 좋지만, 푼돈에서 지출을 줄이고 저축을 통해 종잣돈을 만든 뒤에 투자를 시작해도 그다지 늦지 않다. 종잣돈을 만드는 동안 재테크 공부를 꾸준히 하면 된다. 재테크 지식은 경험만큼이나 투자에서 중요한 역할을 한다. 재테크 지식이 갖춰진 상태에서 이루어진 투자는 종잣돈에서 태산으로 향하는 지름길이 될 수 있다.

절약하는 습관이 중요한 이유

습관이 무서운 이유는 자신도 모르는 사이에 행위가 이뤄지기 때문이다. 긍정적인 습관이라면 상관없지만, 부정적인 습관이라면 하루라도 빨리 개선하는 노력이 필요하다. 좋지 못한 습관을 개선함으로써 발생하는 가치는 분명히 존재한다.

나는 〈무한도전〉이라는 TV 프로그램을 즐겨봤다. 그중에서 '나비효과' 편을 인상 깊게 보았는데, 이 편을 간략히 설명하면 이렇다. 북극과 몰디브 느낌이 나는 방에 각각 무한도전 멤버 3명씩이 들어간다. 그들이 보는 TV 화면에 무한도전 멤버 한 명이 등장했고, 그의 행동 하나하나가 북극과 몰디브 방에 좋지 못한 영향을 미쳤다. 그의 행동이 거창한 무언가는 아니었다. 그저 보일러를 켠 채 오랫동안 샤워하고, 냉장고 문을 열어 놓은 채 음식 재료를 찾고, 물을 틀어놓은 채 설거지를 하고, 보일러를 끄지 않은 채 외출하는 것이었다. 어쩌면 우리가 일상에서 습관처럼 자연스럽게 하는 행동들이다. 프로그램의 기획 의도는 우리가 일상에서 하는 사소한 행동이 기후변화라는 거대 담론에 영향을 미친다는 점이었을 것이다. 이 방송을 보고 나는 기후변화뿐만 아니라, 절약의 중요성을 다시 한 번 받아들이는 계기가 되었다.

절약은 지출 줄이기와 함께 푼돈에서 종잣돈을 만드는 기본이자 핵심이다. 급여가 오르려면 전문성이 필요하며, 투자로 수입을 늘리려면 재테크 지식과 정보가 중요하다. 그런데 절약은 특별한 능력이 없어도 된다. 성별, 나이 상관없이 누구나 할 수 있다. 절약은 평소에 하던 일련의 행동에 자그마한 변화를 불러일으키는 것만으로도 다른 결과를 불러온다. 수많은 재테크 서적과 영상에서 절약을 강조하는 이유다. 그럼에도 절약이 쉽지 않은 이유는 크게 3가지를 들 수 있다.

절약이 쉽지 않은 3가지 이유

첫째, 절약하면 일정 불편을 가지고 살아야 한다. 한국인을 대표하는 특징 중 한 가지는 빨리빨리 문화다. 전쟁 이후 피폐해진 국가를 원상태로 복구하고, 빠르게 경제를 성장시키기 위해 만들어진 한국의 고유문화로 볼 수 있다. 그런데 절약은 느림의 미학이다. 평소에 빠르게 해결되는 문제들이 점차 느려진다. 무제한 데이터 요금제로 유튜브와 게임을 즐기던 사람이 와이파이를 사용하면 왠지 영상이 느리고 자주 끊기는 느낌을 받는 것과 같다. 절약은 편함과 빠름에 익숙한 현대인에겐 몸에 맞지 않는 옷처럼 어색하고 불편하기만 하다.

둘째, 절약하는 모습이 남들에게 좋게 보이지 않을 수 있다. 나는 연예인 김종국을 정말 대단하다고 생각하는데, 일반적으로 월수입이 평균 이상인 사람은 절약과는 무관한 삶을 살 때가 많다. 그런데 그는 비록 방송에서 보이는 모습이라 하더라도, 놀라울 정도로 절약이 몸에 밴 사람이다. 하지만 그와 비슷한 행동을 하는 사람들의 모습이 누군가의 눈에는 짠돌이, 자린고비처럼 보이기도 한다. 문제는 이러한 명칭들의 사회적 이미지가 긍정보다는 부정적인 틀 안에 갇혀 있다는 것이고, 때때로 남은 배려하지 않고 자기만 챙기는 이기적인 모습으로 비춰지기도 한다. 그 사람의 내면은 보려 하지 않고, 단지 물건을 아끼고 절약하는 외적인 모습에 한정하여 한 사람을 부정적으로 평가해버린다.

셋째, 절약하는 방법을 모른다. 절약은 누구나 할 수 있지만, 많은 사람이 '어떻게'해야 되는지를 잘 알지 못한다. 흔히 상식으로 여기는 몇몇 절약 방법이 존재하지만, 그것만으로 절약이 될까 의구심을 품기도 한다. 절약하기 위해 자신이 몇 번 노력해봤는데 별로 효과를 느끼지 못하면, 절약으로 인한 불편이 더 크게 다가와서 자연스럽게 절약을 멈추게 된다. 하지만 일상에서 절약할 수 있는 부분은 굉장히 많다. 절약하는 다양한 방법에 대해서 아래에 조금 더 자세히 풀어보겠다.

절약하는 습관이 중요한 이유

우리는 절약을 통해 아주 작지만 소중한 푼돈을 만들어낼 수 있다. 집앞에 땅을 판다고 해서 돈이 나오지는 않는다. 그 시간에 차라리 집에서 휴식을 취하는 게 삶을 살아가는 지혜일지도 모른다. 그런데 절약은 돈을 만들어낸다. 적어도 땅을 파서 돈을 발견하는 방법보다 효율적이고 효과적이다. 절약해서 만든 돈으로 저축을 하고, 더 나아가 투자를 할 수 있는 바탕이 된다.

절약하는 수많은 방법을 아는 것보다 절약하는 습관이 몸에 배도록 하는 게 우선되어야 한다. 절약의 효과를 직접 체험하지 않는다면 앞서 언급한 세 가지 이유로 절약하지 않을 확률이 아주 높기 때문이다. 보이지 않는 먼 미래의 큰 돈보다 현시점의 작은 불편을 더 크게 받아들이는 게 평범한 사람의 모습이다.

앞서 언급한 연예인 김종국의 이야기를 조금 더 해보면, 그가 화려한 연예인 생활을 하면서도 꾸준히 절약할 수 있는 이유는 오랜 시간 몸에 밴 습관 때문이다. 그러한 습관이 생길 수 있던 원인으로 그는 아버지의 역할이 아주 컸다고 한다. 김종국의 아버지는 팔남매 중 한 명으로 자랐고, 어머니 혼자 힘들게 팔남매를 키우는 모습을 보았다. 그의 아버지는 자신의 어머니를 돕기 위한 방법으로 절약을 택했다. 물을 세 번씩 받아쓰고, 변기 물도 한 번에 내리지 않고, 두루마리 휴지 한 칸으로 화장실에서 용무를 처리했다고 한다. 지금 2030 세대에게는 불가능의 영역으로 여길 만큼 쉽지 않은 행위다. 하지만 그러한 아버지의 모습을 오랫동안 지켜보며 자란만큼 김종국의 몸에는 절약이 자연스럽게 새겨질 수 있었다.

누구나 알겠지만, 절약하는 습관을 들이기란 정말 쉽지 않다. 차라리 수입을 늘리거나, 지출을 줄이는 방법이 더 나을지도 모른다. 건강으로나 외형으로나 다이어트와 운동이 필요하다는 걸 알고 있음에도 마음대로 안 되는 이유와 다르지 않다. 다이어트가 단순히 식食의 불편을 참는 거라면 절약은 일상 전체에 다가오는 불편을 감수해야 한다. 하지만 이 절약습관이 몸에 자리 잡는 데는 단 21일이면 된다.

21일 절약 법칙

미국의 의사인 맥스웰 몰츠Maxwell Maltz는 저서 『성공의 법칙』에서 습관을 들이기 위해서는 21일이 필요하다고 말했다. 그는 사고로 사지를 잃은 사람들이 절단된 팔과 다리에 심리적으로 적응하는 기간을 연구했는데, 연구 결과 생각이나 행동이 고정관념과 의심을 담당하는 '대뇌피질'과 불안, 두려움을 담당하는 '대뇌변연계'를 거쳐 습관을 관장하는 '뇌간'까지 걸린 최소한의 시간이 21일이라고 밝혔다. 이를 21일의 습관 법칙 혹은 21일의 성공 법칙이라고도 한다.

21일의 꾸준한 행동이 여든까지 가는 습관을 만든다고 장담할 수는 없다. 그래도 습관의 기반으로 삼을 기회가 될 수 있다. 21일을 목표로 삼고 달려도 중간에 머뭇거리는 지점이 발생할 것이다. 그럴 때를 대비해 나의 노력을 미리 밖으로 드러내도 좋다. 절약과 관련한 내용을 개인 SNS에 올리거나, 메모 어플을 활용해 절약 일기를 써 내려가면 된다. 사람들은 자기 말과 행동이 타인에게 인정받았을 때 그 행위를 이어가는 동기부여를 받는다. 아주 사소한 행위라도 상관없다. 평소에 아무렇지 않게 하던 행동에서 절약과 관련하여 일부 변한 부분이 있다면 하나씩 적어 내려가면 된다. 이 또한 티끌 모아 태산이 될 수 있다. 혼자가 아닌 누군가와 함께 절약해나가도 좋다. 의지가 약해질 때 자기와 함께 발맞춰 걸어줄 동료가 있다는 건 목표를 이루는 데 아주 중요한 역할을 한다.

절약이 몸에 배면 절약의 기쁨과 즐거움을 만끽할 수 있다. 불편하기만 한 절약에도 즐거움이 있다는 말이 도통 이해가지 않을지도 모른다. 하지만 절약함으로써 느끼는 소소한 행복, 그리고 절약으로 만들어진 돈으로 더 많은 돈을 불렸을 때의 성취는 겪어보지 않은 사람들은 결코 모른다. 여러분도 절약을 통해 그 즐거움을 마주해봤으면 좋겠다.

고정 지출 줄이는 법

고정 지출은 매달 정기적으로 나가는 비용을 말한다. 고정 지출에는 일반적으로 관리비, 공과금, 보험료, 차량 할부, 주택 할부 금액 등이 포함된다. 고정 지출의 기본은 연체하지 않는 것이다. 그런데 고정지출 항목을 주거래 통장에 자동이체로 연결해놓아도 통장에 갑작스럽게 돈이 떨어져서 생각보다 연체가 자주 발생하는 경우가 있다. 주택 할부금 정도를 제외하고는 금액 자체가 크진 않지만, 그렇다고 무심코 지나쳐서도 안 된다. 연체되는 2~3개월 동안 원금에 이자가 붙어나 생각 이상으로 부담을 느끼는 금액이 될 수 있기 때문이다. 지역별로 연체 요율은 다르나, 일반적으로 10% 전후에서 연체 요율이 적용되어 가산금을 지급해야 한다. 명심하자. 기본만 지켜도 돈을 잃지 않을 수 있다.

아파트에 산다면 쾌적한 주거생활을 위해 관리비를 지급해야 한다. 금액은 각 단지의 상황에 따라 천차만별이지만, 항목은 대부분 비슷하다. 일반적으로 난방비와 전기세 등의 전용 사용료, 정화조 오물 및 생활 폐기물 수수료 등의 공용 사용료, 단지 시설 교체 및 보수를 위해 예비로 준비해둔 장기충당수선금, 관리비·미화비·경비비 등의 공용 관리비 등으로 나뉜다. 관리비 총액의 대부분은 장기충당수선금과 공용 관리비가 차지한다. 관리비는 통장 자동이체보다 신용카드 결제가 유리하다. 실적으로 잡히기에 포인트 적립 및 할인이 가능하기 때문이다. 이때, '아파트아이'라는 어플을 활용하면 관리비와 관련된 상세 내역을 한눈에 볼 수 있다.

현재 전월세 세입자라면 퇴거 시 집주인에게 장기충당수선금을 요청하여 일부 금액을 돌려받을 수 있다. 이 금액은 적게는 십만 원 미만부터 많게는 수십만 원에 달한다. 집을 떠난 후 깜빡하고 금액을 못 받았다고 해도 10년 이내에 집주인에게 청구 요청이 가능하다. 단, 내역을 증빙하는 영수증 등의 자료가 있어야 한다. 일부 주거지역은 장기충당수선금이 관리비 내역에 포함되지 않는 경우도 있다.

개인의 노력으로 절약하는 금액 중에 가장 손쉬운 항목은 전기세, 난방비, 통신비다. 여름철과 겨울철에는 평소보다 더 많은 금액이 나올 수 있기에 신경 써서 잘 챙겨야 한다. 가장 기본은 스스로 전력을 잘 조절하는 것이다. 사용하지 않는 전자제품은 콘센트에서 전원을 빼야 하며, 외출 시에는 불을 꺼야 한다. 누구나 할 수 있지만, 누구나 놓치는 부분이기도 하다.

또한 냉장고 공간의 20~30% 정도는 비워두면 좋다. 냉장고에 음식물이 가득 차면 냉기 순환이 원활히 되기 때문이다. 냉장고는 전체적으로 냉기를 퍼트리려하기에 더 많은 전기를 사용하게 된다. 냉장고 온도는 3~5도, 냉동고 온도는 −15~−18도가 적절하다. 여름이 되면 실내 온도가 높아져서 신선도 유지를 위해 냉장고 온도를 의도적으로 낮추는 사람들이 있다. 그런데 냉장고 온도를 너무 낮추면 내·외부 온도차가 커져서 문을 여닫을 때 냉기를 유지하려 냉각기가 심하게 가동되고, 이는 에너지 효율성 면에서 좋지 않다. 오히려 온도를 1도만 올려도 전력소비량을 약 5%나 줄일 수 있다.

유리창에 에어캡, 문풍지 등을 활용하면 단열층이 형성되어 내외부의 온도 차단 기능으로 실내 온도를 2~3도 정도 높여준다. 창문의 크기보다 큰 커튼은 외풍을 막아주고, 내부 공기가 밖으로 빠져나가는 걸 차단해준다. 창문 사이로 스며드는 바람만 일부 막아도 난방비를 평소보다 20% 이상 줄일 수 있다.

소득이 낮은 가구라면 에너지바우처 제도를 활용하면 좋다. 저소득층과 같은 에너지 취약계층을 위해 전기, 도시가스, 지역난방 등을 구입하도록 정부가 에너지 이용권을 지급하는 제도다. 기초생활보장법상 생계·의료급여 수급자 중 노인, 장애인, 임산부, 한 부모 가족 등이 포함된 가구에 지급된다. 지원 금액은 가구원 수에 따라 차등 지급되며, 여름 바우처 사용 기간은 7~9월, 겨울 바우처는 10~4월까지 사용 가능하고, 잔액을 이월할 수도 있다. 신청은 거주지 근처 주민센터에서 하면 된다.

통신비도 빼놓을 수 없다. 통신비는 구성원이 많을수록 고정지출 비용이 큰 항목이다. 통계청의 '2019년 연간 지출 가계 동향 조사'에 따르면 통신비 요금은 가구당 13만 4천 원이다. 자신을 포함한 가족 구성원이 2명 이상이라면 통신사를 한곳으로 통일하면 최대 할인을 받을 수 있다. 통신사마다 가족 구성원 수, 사용연도, 요금제에 따라 할인을 다르게 책정하니, 본인에게 맞는 할인 상품을 찾으면 좋다. 또한, 통신사 포인트를 잘 활용해야 한다. 통신 3사에서 제공하는 포인트 8천억 원 중 기한 내 다 쓰지 못하고 소멸하는 게 무려 60% 가량이라고 한다. 비싼 요금제를 사용하거나 한 통신사를 사용한지 오래되었다면 더더욱 적극적으로 포인트를 활용해야 한다. 만약 1인 구성원이라면 알뜰폰을 추천한다. 알뜰폰은 이동통신망을 가지지 못한 사업자가 3사 통신사로부터 망을 빌려 저렴한 가격에 서비스하는 형태다. 요금제에 따라 다르지만 3사 대비 요금을 최대 50%까지 절약할 수 있다. 평소 통화량과 데이터 사용량이 적은 사람이라면 기본료가 낮은 알뜰폰이 유리하다.

생활비 줄이는 법

고정지출보다 큰 폭으로 절약할 수 있는 부분이 생활비다. 생활비의 명확한 범주는 없지만, 우리가 일상에서 생활하며 발생하는 비용으로 생각하면 된다. 생활비 개념이 방대하여 고정 지출처럼 몇몇 부분을 콕 집어 언급하긴 어렵지만, 이번 파트에서는 크게 필수 생활비와 문화비로 나눠서 절약할 방법을 다뤄보겠다.

대표적인 필수 생활비는 식비다. 식비는 생활비 대부분을 차지하는 항목이다. 식비를 줄이기 위해선 외식은 최소화하고 마트에서 장을 본 후 집에서 음식을 해 먹는 습관이 필요하다. 조금은 귀찮을 수 있으나, 물가 대비 30~40% 이상 절약할 수 있다. 식자재를 구매할 때는 마트에서 특정 시간에 진행하는 제품 할인을 잘 활용하거나, 편의점에서 자주 볼 수 있는 1+1, 2+1 등의 행사 할인을 활용하면 좋다. 편의점 이용 시 통신사 할인 및 포인트 제도도 적극적으로 활용해야 할 필요가 있다.

의식주에서 한 부분을 담당하는 의류비는 자주 발생하지는 않지만, 한 번 발생 시 금액의 단위가 큰 편이다. 의류비를 줄이기 위해서는 각종 상품권 및 기프티콘을 활용하면 좋다. 제휴 쇼핑몰에서 추가 할인을 받아 더 저렴하게 제품을 구매할 수도 있다. 해외직구를 활용해도 좋다. 국내 쇼핑몰에서 구매하는 것보다 절차가 조금 복잡하지만, 해외브랜드 제품을 국내보다 20~40% 정도 저렴하게 구매할 수 있다. 또한 블랙프라이데이 등 현지 세일 기간을 활용하면 더욱 더 저렴하게 구매할 수 있다. 절차가 복잡하다고 여기면 해외직구 구매대행 혹은 배송대행을 활용하면 된다. 구매대행은 구매부터 배송까지 맡기에 배송대행보다 금액이 조금 더 비싸다. 만약 해외직구를 한다면 개인통관고유번호가 필수다. 해외에서 물건을 수입할 때 개인정보 유출의 위험을 막으려는 방편이기 때문이다. 개인통관고유번호는 관세청 홈페이지www.customs.go.kr에서 본인인증절차를 거친 후 발급받을 수 있다. 해외에서 직접 구매 시 현지통화 혹은 달러로 결제하면 이중 수수료가 부과되지 않는다. 단, 해외결제가 가능한 VISA, MASTER 등 일부만 결제가 가능하다. 이 때 관세 13%와 부가세 10%가 더해진 금액으로 결제된다. 수입 국가, 상품 종류, 가격에 따라 다르지만, 일반적으로 최대 200달러까지 관세가 면제된다.

문화비는 식비처럼 고정으로 나가진 않지만, 분류에 따라 비용의 편차가 큰 항목이다. 10번의 영화 관람 비용이 1번의 콘서트 비용과 맞먹기도 한다. 삶의 질을 중요시하는 현대인의 특성상 문화비를 아예 배제하기는 어렵지만, 비용을 할인하는 방법으로 지출을 줄여야 한다.

집에 보지 않는 책이 있다면 YES24와 알라딘 사이트를 활용해 중고책 매매를 시도할 수 있다. 책의 상태와 출간 연도에 따라 다르지만, 각 사이트 어플을 활용해 가격을 미리 확인할 수 있다. 도서를 판매 후 계좌이체로 현금을 받을 수 있으며, 도서 구매 포인트 적립으로도 정산이 가능하다.

뮤지컬, 오페라, 발레 등의 공연 관람비는 문화비 중에서도 비싼 편인데, 매달 마지막 주 수요일 '문화가 있는 날'에는 관람비 40% 할인을 받을 수 있다. 서울문화포털 사이트www.culture.seoul.go.kr에서는 서울 시내에서 벌어지는 다양한 종류의 문화행사를 확인할 수 있다. 문화 활성화를 위해 공공기관이나 특정 단체에서 무료 공연을 종종 진행하기도 한다. 원하는 가수 및 배우가 나오는 작품은 아닐지라도 수준 높은 작품을 만날 수 있다. 지역별 국공립미술관, 박물관은 무료 전시 및 관람이 가능한 곳이 많으며, 국립현대미술관은 만 24세 미만이라면 1년 내내 무료 관람이 가능하다.

체크카드를 활용하여 올바른 소비 습관 가지기

체크카드는 직불카드와 신용카드의 중간 형태로 볼 수 있다. 직불카드는 결제계좌의 잔액 범위 안에서만 사용할 수 있기에 연체가 발생하지 않는다는 장점이 있다. 하지만 가맹점 수가 적으며 은행 공동망이 가동되는 시간에만 사용된다는 큰 단점이 있어, 지금은 거의 사용하지 않는다. 체크카드는 직불카드의 단점은 해소하고 장점은 살리자는 취지에서 1999년 처음 시작되었다. 24시간 사용 가능한 편의성을 지니고 있으면서 할부 및 현금서비스가 불가능하다. 이러한 이점들로 인해 많은 사람이 체크카드를 사용하는데, 특히 소비패턴이 확립되지 않은 2030 세대에게는 휴대폰과 더불어 필수용품으로 여겨진다. 단, 신용카드와는 달리 자기 통장의 돈을 쓰는 형태이기에 일정 금액을 사용해도 신용 등급이 오르지는 않는다.

　　은행과 카드사는 체크카드보다 신용카드를 선호한다. 상대적으로 기업에 이득을 더 가져다주는 상품이기 때문이다. 신용카드로 현금서비스를 활용하면 ATM 수수료가 발생하고, 가맹점에서 사용 시 카드 수수료도 추가 발생한다. 게다가 신용카드를 발급하면 대부분 연회비가 적용된다. 즉, 신용카드는 사람들이 사용하면 사용할수록 은행과 카드사에 돈이 되는 상품이다.

ATM 수수료를 제외하면 은행과 카드사에 체크카드는 이점이 거의 없다. 이용대금 연체에 대한 부담이 없다는 이점이 있으나, 상대적으로 큰 매력은 아니다. 체크카드는 철저히 소비자의 편의를 위해 활용되는 소비자 맞춤용 상품이다. 최근에서야 신용카드 발급이 여러모로 까다로워지면서 체크카드로 고객 유치를 하려 하지만, 일반적으로 은행이나 카드사 직원이 직장인에게 체크카드 영업을 진행하진 않는다. 신용카드 개설 실적에 비해 평가 점수가 낮기 때문이다. 반면, 미래의 잠재고객인 대학생에게는 체크카드를 많이 권한다. A 은행의 체크카드를 오랫동안 사용했다면, 그 은행의 신용카드를 사용할 확률이 높기 때문이다. 은행에서 체크카드는 미끼상품 같은 역할을 한다.

신용카드는 체크카드보다 여러모로 혜택이 많고 편리하다. 비싼 물건이라도 할부를 활용하면 체감상 부담이 덜하다. 가격이 비쌀수록 신용카드 할부의 매력이 빛을 발하는 게 사실이기 때문이다. 이와는 반대로 체크카드는 통장에 돈이 없으면 카드를 사용할 수가 없어 가끔 불편함을 느끼게 된다. 사고 싶은 물건이 있어도 가진 통장에 있는 돈보다 비싸면 참고 인내해야한다. 그렇다고 신용카드만큼 혜택이 많지도 않다. 은행이나 카드사가 신용카드만큼 혜택을 줄 이유가 마땅치 않기 때문이다.

체크카드가 필요한 이유

그럼에도 불구하고 나는 신용카드보다 체크카드를 권장하는 편이다. 특히 사회초년생이나 스스로 돈 관리가 조절되지 않는다고 여기는 사람에게는 적극적으로 권장한다. 신용카드를 잘 활용하면 득이 될 수 있으나, 득보다 독이 될 확률이 높기 때문이다. 신용카드는 편의라는 포장으로 둘러싸였지만, 본질은 외상이다. 즉, 빚이라는 것이다. 계획적으로 쓴다면 신용카드의 이점을 잘 활용할 수 있으나, 그러기란 쉽지 않다. 외상의 맛이 달콤한 만큼 대가는 쓴 법이다.

그렇기에 푼돈을 종잣돈으로 만들기 위해서는 신용카드가 아닌 체크카드를 사용해야 한다. 만약 카드빚 때문에 신용카드를 계속 쓴다면 주위의 도움을 받아서라도 빨리 빚을 갚은 후 체크카드로 전환해야 한다. 신용카드보다 불편할 수는 있지만, 반드시 체크카드가 필요한 이유로 크게 세 가지를 들 수 있다.

첫째, 실시간으로 소비를 파악할 수 있다. 체크카드를 사용하더라도 별다른 의식 없이 소비하면 낭비의 길로 접어들 수 있다. 체크카드와 연계된 통장에 돈이 많지 않다면 잔고에 경종이 울리겠지만, 돈이 많다면 그냥 편하게 쓰게 된다. 그런데 체크카드는 물건을 구매한 순간 '물건을 구매했다는 사실'을 바로 인지하게 된다. 예전에는 ATM기를 활용해서 통장내역을 확인해야 했으나, 지금은 거래 은행 및 카드사 어플을 통해 실시간 거래 내역 확인이 가능하다. 통장에서 금액이 점차 마이너스 되는 현실을 바라보면 돈을 아껴야겠다는 생각으로 이어진다. 물론, 신용카드도 내역 확인이 가능하다. 다만, 신용카드는 실시간 소비의 개념보다 월 정산으로 인식하게 된다. 어플 거래 내역에는 단순히 금액이 쌓일 뿐이기 때문이다.

둘째, '짠테크'를 할 수 있다. 체크카드 연계 통장을 주거래 통장이 아닌 다른 통장으로 전환 후, 그 통장에는 한 달에 사용할 금액만 입금한다. 소비 금액의 틀을 만들어 소비 습관을 바꾸는 방식인데, 어쩔 수 없이 절약해야만 하는 환경을 스스로 만드는 것이다. 당연히 처음에는 불편할 수밖에 없다. 하지만 점차 익숙해지면 학창 시절에 부모님에게 용돈을 받아 사용하던 때처럼 자연스러워지기도 한다. 아끼는 금액만큼 예·적금, CMA, ETF 등 다양한 방식을 통해 돈을 더 불릴 수 있다.

셋째, 연말정산 소득공제 혜택이 상당하다. 총급여액의 25%를 초과해서 카드를 사용하면 소득공제를 받을 수 있다. 신용카드는 15% 소득공제를 받지만, 체크카드는 30%를 받는다. 공제받는 최대 한도는 300만 원이다. 전통시장이나 대중교통 사용분에 한해서는 추가 공제도 가능하다.

추천 체크카드 3가지

우리나라에는 수백 가지 종류의 체크카드가 있다. 각각의 카드는 다양한 혜택이 있지만, 시중 은행이나 카드사에서 발급하는 체크카드의 혜택은 대동소이하다. 맛도, 모양도 비슷하지만 조금이라도 맛있는 음식을 찾으려는 분들에게 은행이 아닌 증권사 체크카드를 추천한다. 일반적으로 증권사 체크카드를 잘 사용하지 않는 이유는 증권사 체크카드의 혜택을 잘 몰라서인데, 심지어 증권사에서 체크카드를 발급해준다는 걸 모르는 사람도 많다. 증권사에서 제공하는 체크카드도 여러 가지가 있지만 아래 추천하는 3가지 카드는 캐시백도 되고, 할인 폭도 크며, 소비 성향에 따라서 1년에 50만 원 이상을 아낄 수 있다.

　이처럼 엄청난 혜택을 증권사에서 제공하는 이유는 고객 확보를 할 수 있기 때문이다. 증권사 체크카드는 대개 증권사에서 CMA 통장을 개설해야 하는 전제조건이 있다. 그런데 CMA는 돈을 넣어놓기만 해도 이자가 발생하니 소비자에게는 추가적인 이점이 될 수 있는 것이다. 단, CMA는 예금자 보호가 안 되는 점을 인지해야 한다. 아래 추천하는 카드가 아니더라도 무작정 혜택이 많은 카드를 선택하기보다는 자신의 소비 스타일에 적합한 카드를 선택하는 안목이 필요하다. 증권사 체크카드는 대부분 전월 실적이 30만 원 이상 발생해야 하며, 실적 유예기간은 2개월까지 가능하다.

유진투자증권 챔피언 체크카드
주요 편의점 및 프랜차이즈 카페 10% 캐시백이 되며, 아래 세 가지 혜택 중 한 가지를 선택할 수 있다.

○ 백화점 및 대형 마트 10% 캐시백(월 최대 5천 원)
○ 주요 온라인 쇼핑몰 10% 캐시백
○ 주요 주유소 리터당 100원 캐시백

KB증권 ABLE 체크카드
주요 호텔 및 리조트에서 5~30% 할인이 가능하며, 아래 4가지 혜택 중 한 가지를 선택할 수 있다.

○ 주요 대형마트 15% 할인(1회 최대 10만 원까지 적용)
○ 주요 백화점 15% 할인(1회 최대 10만 원까지 적용)
○ 택시 및 KTX 15% 할인(1회 최대 5만 원까지 적용)
○ 주요 주유소에서 리터당 80원 적립

체크카드의 주요 혜택과 필요한 전월 실적은 시기에 따라 달라질 수 있으니, 가입 전 반드시 한 번 더 확인해보고 가입하길 바란다.

핀테크 기술이 발달하여 모바일 간편 결제 서비스가 다양해지고 있다. 특히 국민 어플이라 불리는 카카오톡과 연계되는 카카오페이는 현금영수증도 받을 수 있으며, 소득공제도 체크카드와 동일하게 30%가 된다. 자신의 소비 방식에 맞춰서 지불 방식을 선택하면 된다. 소비 습관의 변화를 원하는 사람들에게는 체크카드 활용을 적극적으로 추천한다.

4

당신이 반드시
부자가 되어야 하는 이유

행복과 돈의 상관관계

많은 사람이 삶의 목표로 행복을 이야기한다. 무엇이 행복인지 생각하고, 어떻게 하면 조금 더 행복해질지 고민한다. 각국의 수많은 조사 기관은 천문학적인 비용과 인력을 들여 행복과 관련한 각종 데이터를 수집한다. 취합된 데이터는 통계라는 이름 아래 우리가 어디에서 행복을 느끼는지 발견하여 각자의 일상에 반영할 수 있도록 도움을 준다.

서점이나 유튜브를 둘러보면 행복과 관련한 수많은 '어떻게'를 찾을 수 있다. 그 중에서 각자에게 어울리는 방법을 찾은 후에 그 방법대로 행동하면 된다. 그럼에도 사람들이 끊임없이 행복해지는 방법을 찾아 나서는 건 그 방법이 정답은 아니거나, 더 나은 행복을 찾으려는 인간으로서의 평범한 욕심 때문일 것이다. 그런데 수많은 '어떻게' 중 현대인의 입에 늘 오르락내리락하는 한 가지가 있다. 바로 인간의 삶에 없어서는 안 될 돈이다. 그리고 우리는 매번 이 질문 속에 노출되어 있다. '과연 돈이 많으면 행복할까?'

사람들은 흔히 돈이 많은 사람을 부자라고 한다. 시대가 변하면서 부자의 개념도 바뀌지만, 일반적으로 이야기하는 부자의 기준이 존재한다. 2020년 크레디트 스위스Credit Suisse의 발표에 따르면 부채를 제외한 순자산 5천만 달러(약 600억)가 있으면 부자라고 한다. 전 세계 인구의 0.002%인 약 20만 명이라고 한다. 만약 부자만이 돈과 행복의 관계를 정의할 수 있다면 조금은 불공평하다는 느낌도 든다.

주위의 자산가들에게 종종 행복과 돈의 관계에 관하여 묻곤 한다. 그럴 때마다 다양한 이야기를 듣는데, 그 중에서 공통으로 듣는 말이 있다. 돈과 행복이 무조건 비례하지는 않지만, 돈의 액수가 행복에 일정 영향을 미친다는 것이다. 즉, 금액의 기준은 명확하지 않으나, 돈이 많은 사람이 돈이 적은 사람보다는 더 행복할 확률이 높다는 의미다. 그렇기에 사람들은 현재보다 더 많은 돈을 손에 쥐려 한다. 기획재정부에 따르면 2020년 복권 판매액 추이가 약 5조 4,152억 원을 달성했다고 한다. 역대 최고 수치다.

행복에 관한 데이터의 답변

유엔 산하 전문 기구인 지속가능발전해법네트워크Sustainable Development Solutions Network는 매년 세계행복보고서를 내놓는다. 이 보고서는, 행복에 관해 이야기하는 보고서 중 가장 권위가 높은 편에 속한다. 세계행복보고서는 총 7가지의 항목을 두고 국가별 행복지수를 이야기하는데, 이 7가지 항목은 1인당 국내총생산 GDP, 사회적 지원, 기대 수명, 사회적 자유, 관용, 부정부패, 미래의 불안감이다. 2021년 보고에 따르면 행복지수 1위 국가는 핀란드였다. 그다음으로는 덴마크,

스위스, 네덜란드, 스웨덴, 독일, 노르웨이 순이었고, 가장 낮은 나라는 아프카니스탄, 짐바브웨, 르완다, 보츠와나 순이었다.

우리나라는 총 조사국 95개국 중 50위였다. 2018~2020년 평균 순위로 본다면 149개국 중 62위다. 각자의 가치관을 떠나 전반적으로 아쉬움이 느껴지는 순위임을 부정할 수 없다. 올해의 순위가 2020년보다 높아졌을 뿐 행복지수 순위는 정체하거나 떨어지고 있다. 또한 7개 항목만으로 본다면 우리나라 사람의 행복도가 매년 떨어진다고 유추할 수 있다. 물론, 이 조사만으로 일련의 답을 내리기엔 여러모로 부족함이 존재한다. 실제로 다른 조사에서는 한국인의 행복지수가 올라가고 있다고 밝히기도 했기 때문이다.

세계행복지수만으로 돈과 행복의 명확한 관계를 파악하긴 어렵다. 다만, 행복지수 상위권에 있는 국가들은 흔히 말하는 선진국 중 경제가 안정적이고 복지가 잘 된 나라다. 이와는 반대로 내전이 자주 발생하고 경제와 복지가 순탄치 않은 국가는 행복지수가 낮다. 개인의 부는 차치하더라도 국가의 부가 행복에 큰 영향을 미친다는 점은 어느 정도 알 수 있다.

돈과 행복에 관한 직접적인 데이터에서 늘 빠지지 않고 언급되는 인물이 있다. 미국 경제사학자 리처드 이스털린Richard Easterlin이다. 이스털린은 1946년부터 28년 동안 사회주의, 자본주의 국가 등 30개 국가의 행복도를 조사했다. 그 결과 그는 지속가능발전해법네트워크SDSN의 세계행복지수와는 반대로 가난한 나라의 국민 행복지수가 더 높다고 밝혔다. 그의 주장에서 중요한 한 가지는 소득이 비례적으로 증가해도 행복이 그와 같은 비율로 증가하지 않는다는 것이다. 국민소득이 2만 달러를 넘어서면 돈으로 인한 행복 만족도가 증가가 아닌 정체에 머문다는 주장이다. 이를 이스털린의 역설Easterin paradox이라고 한다.

이후 수많은 학자가 이를 증명하거나, 반박하기 위해 다양한 연구·조사를 진행했다. 시대가 빠르게 변하는 만큼 개인이 느끼는 돈과 행복의 가치도 달라지기 때문이다. 미국의 경제학자 대니얼 카너먼은 소득 수준의 변화로 인해 2만 달러의 기준은 바뀌었으나, 일정 기준점 이후로 돈의 액수로 인한 행복감의 폭은 정체된다고 말했다. 카너먼이 말한 금액은 2010년 기준 연 소득 7만 5천 달러(약 8,000만 원)다. 한국 기관에서도 이와 비슷한 조사를 진행했는데, 한국인은 연 8,800만 원의 소득이 넘어가면 행복은 더 이상 커지지 않는다는 연구 결과를 도출해내기도 했다.

이를 일부 반박하는 통계도 있다. 대표적으로 2008년 미국의 펜실베니아대 연구팀은 50년 동안 132개국의 행복 수준을 조사했다. 그 결과 부유한 나라의 국민이 가난한 나라의 국민보다 행복하며 행복 수준 또한 높아진다고 밝혔다. 또한, 미국 내 한 기관의 조사에 따르면 미국에서 수입이 연 25만 달러 이상인 사람은 90%가 행복하다고 말했다. 이 수치는 연 소득 3만 달러 이하인 사람들의 42%보다 2배 이상 높다. 즉, 돈은 많을수록 행복과 직접적인 연관성을 가진다는 의미로 해석할 수 있다.

돈이 많으면 행복해질 수 있을까?

나는 지금 월 1,000만 원가량의 수입이 발생한다. 물론, 매달 그런 것은 아니고, 프리랜서다 보니 수입이 1,000만 원 보다 더 적은 달도 있고 더 많은 달도 있지만 일반 직장인의 평균 연봉보다 많은 수치다. 그렇다고 부자라고 말할 수는 없다. 그런데 분명한 점은 월 83만 원을 받고 일하던 시절과 비교했을 때 삶의 행복도가 상당히 높아졌다는 사실이다. 가치관의 변화에 따른 행복도의 변화로 볼 수 있지만, 수입이 증가했기 때문임을 부정하긴 어렵다. 누구나 비슷하겠지만, 지금의 수입을 만드는 데 많은 어려움이 있었고 꽤 많은 인내와 노력이 필요했다. 초기에는 먹고 싶은 비싼 음식도 먹지 않고, 아낄 수 있는 건 최대한 아꼈다. 시간이 지나고 나니 그때의 힘든 기억은 추억이 되었는데, 만약 아직도 월 100만 원가량의 수입이 지속된다면 그때의 힘든 시간들은 현재 진행형이지 않을까. 그렇기에 내 삶에서 행복을 논할 때 돈은 가장 중요한 가치 중 하나다.

그런데 최근, 수입이 증가하면서 단순히 돈을 많이 버는 것만이 행복이 아닐 수 있음을 깨닫고 있다. 돈이 중요하다는 사실은 변함이 없다. 다만, 막대한 수입을 창출하기 위해 앞만 보고 맹목적으로 빠르게 달리기보다, 주위를 둘러보며 산책하듯 걷는 게 더 행복할 수 있다는 생각을 한다. 이미 충분한 소득이 있음에도, 과욕을 부리다, 돈이 인생에 주인이 된 사람들을 많이 봤다. 그들은 사는데 불편하지 않을 만큼 많은 돈이 있음에도, 자신보다 더 많은 재산을 가진 사람들과 비교하며 스스로를 깎아내리고 괴로워했다. 나 혼자만을 위한 돈 벌기는 어느 순간 삶의 목적성을 상실할 수 있다. 돈을 위한 돈 벌기가 되는 것이다. 그것만큼은 경계해야 한다고 생각한다.

특히 지금의 유튜브를 하면서 그러한 부분을 더욱더 절실히 깨닫고 있다. 뒤늦게나마 나눔의 의미를 이해한 것이다. 덕분에 기쁜 마음으로 유튜브에 올릴 영상을 만들고, 이렇게 글도 쓰고 있다. 내 글과 영상을 통해 재테크의 개념을 이해하고 부업으로 돈을 벌게 되는 분들을 생각하면서 말이다.

　나는 아직 세상의 기준으로는 대단한 부자가 아니기에 얼마만큼의 돈이 행복을 불러올 수 있는지는 모른다. 하지만 더 큰 행복을 위해서 자신에게 적합한 돈의 개념을 정립하는 게 중요하다는 사실을 너무도 잘 알고 있다. 많은 돈을 가지는 게 누군가의 행복이라면, 자신에게 알맞은 수입 지출 내역을 파악한 후, 필요 이상으로 일하지 않는 것도 그 사람의 행복이다. 얼마 정도까지의 행복은 돈으로 살 수 있다고 생각하지만 살아가면 살아갈수록 돈은 행복의 필요조건일 뿐, 충분조건은 아닐 수 있음도 인지하는 게 중요하다. 돈이 많지 않으면, 불편한 점이 많은 건 사실이다. 그러나 돈이 부족하다고, 실패한 삶은 결코 아니다. 과거에는 돈이 없었더라도, 미래에는 더 생길 수도 있다. 그러니 현실을 냉정하게 인식한 후, 내가 세상에 제공할 수 있는 가치를 발견하고 조금씩 노력한다면, 돈과 더불어 행복도 뒤따라올 것이다.

단기간에 수입을 증대시키는 방법

자녀가 있는 가정에서 식비만큼이나 많이 들어가는 소비 항목은 교육비다. 학교에 들어가는 부대비용도 있지만, 대부분 사교육비로 사용된다. 지역에 따라 교육비의 편차는 있으나, 그 비용의 정해진 한도는 없다. 자녀의 학업 수준이 어느 정도까지 올랐으면 하는 부모의 욕구와 그 욕구를 감당할 수 있는 자산에 의해 비용이 정해지기 마련이다. 20년 전에는 월 10만 원으로 학원에 다닐 수 있었다. 그런데 지금은 내 주변에서 월 100만 원 밑으로 교육비를 책정하는 가구를 찾는 게 굉장히 어렵다. 그만큼 교육에 많은 비용이 들어가는 이유는 자녀가 좋은 대학에 입학했으면 하는 부모의 바람과 기대 때문일 것이다. 일반적으로 대학교의 네임밸류에 따라 직업과 직장의 선택지가 달라지는 경우가 많다. 많은 부모들이, 자식이 좋은 대학을 졸업해 좋은 기업에 들어가길 원한다. 사회에서 말하는 좋은 기업은 여러 의미가 있지만, 가장 큰 영향을 미치는 요소는 높은 연봉이다. 각종 조사에서 기업 입사 기준 1위가 대부분 연봉인 이유도 여기에 있다. 만약 연봉이 높은 회사가 복지도 좋고, 정년까지 길면 더할 나위 없이 최고의 기업이다. 결국 부모는 자녀가 더 많은 연봉을 받기 위해 교육비를 들인다고 볼 수 있다.

그렇다면 입사에 성공한 사람들이 더 많은 연봉 및 수입을 얻기 위해서는 어떻게 해야 할까? 효과적인 방법은 실무에 대한 성과를 인정받아서 다음 해 연봉 인상률을 높이거나 개별 인센티브를 더 많이 받는 것이다. 하지만 그 방법은 쉽지 않다. 혹여 성과를 보여준다고 해도 급격한 연봉 인상이나 인센티브를 주는 기업은 국내에 몇 없다. 국내 기업의 연봉 인상률은 평균 5% 내외에 불과하다.

단기간에 수입을 증대시키는 두 가지 방법이 있다. 한 가지는 자녀에게 투자하는 금액과 노력만큼 자신에게 투자하는 것이다. 다른 한 가지는 교육에 들이는 시간만큼 다른 노력을 하는 것이다. 이 두 가지 방법을 모두 진행하면 이른 시일 내에 종잣돈을 넘어 큰돈을 모을 수 있다. 그런데 예상하다시피 두 마리 토끼를 잡기란 아주 어렵고, 한 마리 토끼만 잡는다 해도 성공이라고 볼 수 있다. 그렇다면 여러분은 어떤 토끼를 잡을 것인가?

수입을 증가시키는 첫 번째 토끼: 자기계발

한 토끼의 이름은 자기계발이다. 자기계발은 자기 자신을 계발하여 능력과 전문성을 높이는 과정을 말한다. 직종에 상관없이 전문성이 뛰어난 사람은 그렇지 않은 사람보다 더 많은 수입을 벌게 된다. 개인의 전문성은 자신이 몸담은 회사에 더 많은 수익을 벌게 해줄 효과적인 수단이다. 회사도 더 많은 수입을 창출하기 위해 부단히 노력하는 곳이기 때문이다.

자기 계발의 범주는 다양하다. 일반적으로 자신이 하는 일에 도움이 될 만한 거라면 무엇이든지 좋다. 높은 영어 점수가 진급에 도움이 된다면 영어를 공부해야 하며, 제3외국어가 필요하다면 해당 언어를 공부해야 한다. 겉으로 드러나는 계발은 자격증 취득이다. 업과 관련된 능력과 기술이라도 그것을 증명하기란 쉽지 않다. 이 때 자격증은 '능력을 갖춘 나'를 사회에 알리는 역할을 한다. 취업을 위해서는 다양한 자격증이 도움이 될 수 있지만, 본격적으로 전문성을 키우려면 하나에 몰입해야 한다. 이름도 들어본 적 없는 자격증 4~5개를 취득하는 것보다 관련 업계에서 대표성을 띠는 자격증 1개가 수입을 올리는 더 나은 방법이다.

현재를 놓고 봤을 때 자신의 진로와 크게 상관없어 보이는 계발을 해도 괜찮다. 예전에도 그랬지만 시대가 변한만큼 업종의 전환도 빠르게 진행되기 때문이다. 지금은 문학 전공자가 코딩을 비롯한 다양한 프로그램 일을 할 수 있으며, 화학 전공자가 마케팅과 브랜딩 관련 일을 할 수 있는 시대다. 개인이 브랜드화 되는 시대에서 발생하는 자연스러운 현상으로 볼 수 있다. 현재로서는 수입과 직결되지 않을 수 있지만, 누구에게나 기회는 존재한다. 언젠가 마주할 기회를 대비해 미리 준비하는 과정으로 생각하면 된다.

수입을 증가시키는 두 번째 토끼: 부업

또 다른 토끼는 부업이다. 앞서 소개한 토끼보다 덜 알려졌으나, 효율성을 비롯해 효과도 더 크다. 일단 부업의 장점은 큰 비용이 필요하지 않다는 것이다. 자본 대비 시간을 투자하거나 일정 지식을 투여하면 된다. 그리고 일정 단계가 지나면 자동으로 이루어지는 시스템을 구축할 수 있다. 자동시스템만 구축된다면, 이른 시일 내에 본업에서 받는 월급만큼 수입이 발생할 수도 있다. 한 달에 월급이 두 번 들어온다면 생각만 해도 기분 좋은 일이다.

다만, 한 가지 주의할 점은 부업 초기에는 가능한 본업에 방해가 안 가는 선에서 최선을 다해야 한다는 것이다. 언젠가는 부업이 본업의 역할을 대체할 수 있지만, 그전까지는 본업에 충실한 게 수입을 빠르게 증대시키는 방법이다. 만약 다니는 회사에서 '겸업 금지 조항'이 존재한다면 부업은 쉽지 않다. 물론, 겸업에 해당하지 않는 부업도 존재한다. 큰 폭의 수입 증가와는 일정 거리가 있을 수 있으나, 수입이 증가된다는 사실은 변함이 없다. 우리가 자기 계발만큼이나 부업에 관심을 둬야 하는 이유다.

부자 아빠를 통해 배우는 돈을 대하는 자세

모든 사람이 맹목적으로 돈을 좇진 않는다. 행복, 가족, 건강, 사랑 등 돈보다 중요한 가치가 삶에서 언제든 존재하기 때문이다. 그런데 많은 사람이 부자를 부러워하고, 기회가 된다면 부자가 되기를 원한다. 하지만 그들이 원하는 부자는 단순히 돈이 많은 사람이 아닐 것이다. 사람들은 갑작스럽게 많은 돈을 가지게 된 졸부보다 '부자'라는 이름이 뒤에 붙기를 원한다. 돈의 액수만큼이나 그 사람의 말과 행동에서 흘러나오는 자신감과 여유로움을 닮고 싶어 한다.

주변에서 자산의 정도와 상관없이 타인에게 베푸는 사람들이 있다. 돈이 많다고 해서 무언가를 베풀 수 있는 건 아니다. 그런데 돈이 많으면 베풀 기회가 더 많아지는 게 사실이다. 아무리 남을 챙기고 싶어도 내가 경제적으로 궁핍하면 자기를 먼저 챙길 수밖에 없기 때문이다. 하지만 경제적 여유가 되면 물질적·심적으로 나눌 수 있는 여유가 풍족해진다. 우리가 노블레스 오블리주로 부르는 사람들의 기품은, 수입의 절대치가 아닌 수입과 나눔의 균형에 존재한다. 많은 사람들이 바라는 이상적인 부자의 모습이다.

그런데 사람들은 가끔 오해 아닌 오해를 한다. 부자들은 돈이 많아서 자신감과 여유로움이 풍족하다는 것이다. 물론 경제적 자유에서 나오는 여유라는 걸 부정하긴 어렵다. 적어도 우리가 살아가는 자본주의 시대에서는 말이다. 그런데 태어날 때부터 풍족한 집안이 아닌 사람들은 어떨까? 부의 흐름은 대부분 위에서 아래로 세습되지만, 불우한 환경에서도 자수성가를 해서 빛을 발하는 사람들도 있다. 개천에서 용이 태어나기 어려운 시대라곤 하지만, 디지털화가 본격화되면서 창의적인 아이디어만으로 부자의 반열에 오르는 사람도 있다. 부자들의 자신감과 여유로움은 돈에 의해 만들어지기도 하지만, 그들의 말과 행동이 돈을 불러오기도 한다. 돈이 돈을 불러오는 시스템이다.

부자 아빠가 생각하는 돈의 가치

부자를 언급할 때 빼놓지 않고 언급되는 도서는 1997년에 출간된 로버트 기요사키Robert Toru Kiyosaki의 『부자 아빠, 가난한 아빠』다. 전 세계에 부자 아빠 신드롬을 불러일으키며 국내에서 무려 약 3,500만 부 이상이 팔린 초대형 베스트셀러기도 하다. 우리나라에서는 이 책을 기준으로 자기계발서의 개념이 바뀌었다고 할 정도로 많은 사람에게 영향을 줬고, 재테크에 관심 있는 사람이라면 한 번쯤 읽어봤을 책이다.

책에는 주인공에게 건네는 두 아버지의 이야기가 담겨 있다. 한 사람은 부자이고, 다른 한 사람은 가난하다. 가난한 아빠는 박사학위까지 받을 정도로 교육을 많이 받았다. 반면에 부자 아빠는 초등학교도 졸업하지 못했다. 두 사람 모두 열심히 일했고, 사회에서 성공했다고 말할 수 있었다. 그럼에도 가난한 아빠는 평생 금전적인 고생을 했고 부자 아빠는 돈으로부터 자유롭게 살았다. 두 아빠의 차이는 돈에 대한 개념이었다. 가난한 아빠는 돈을 악의 근원으로 여겼으며, 좋은 직장만이 답이라고 했다. '안정적으로 살아야 하며, 위험은 피해야 한다.' 반면에 부자 아빠는 돈이 부족한 것이 악의 근원이라 말했다. 좋은 직장에 들어가지 말고 좋은 회사를 차리라고 했고, 위험을 피하는 법을 익히는 게 아니라, 관리하는 법을 배워야 한다고 말했다.

책이 출간되던 당시에 일반적으로 돈을 모은다는 개념은 절약과 저축이었고, 투자는 돈이나 정보가 있는 사람에게 해당하는 개념에 불과했다. 하지만 이 책은 돈에 관한 기존의 관점을 뒤바꾸는 데 크게 일조했다. 돈을 손에 쥐기 위해서는 돈과 리스크를 피하지 말고 돈을 자신의 편으로 만들어야 한다는 사실을 많은 사람들에게 전파했기 때문이다.

책이 출간된 지 20년이 흘렀다. 지금은 가난한 아빠처럼 돈을 악의 근원이라 생각하는 사람이 상대적으로 많이 줄었다. 그렇다고 부자 아빠처럼 생각하는 사람이 눈에 띄게 많아진 것도 아니다. 오랜 시간이 흘렀지만, 틀이 크게 변하지 않은 건 어쩌면 자연스러운 일이다. 좋은 직장에 들어가기가 쉽지는 않지만, 좋은 회사를 차리고 운영하는 것보다는 쉽기 때문이다. 사람들은 하이 리스크 하이 리턴처럼 돈을 벌기 위해서는 위험을 감수하고 관리해야 함을 알고 잘 알고 있다. 그런데 막상 위험을 짊어져야 할 때가 오면 두려움이 앞선다. 돈을 버는 행복보다 돈을 잃어서 얻는 불행이 더욱 넓고 깊게 느껴진다. 부자 아빠가 말한 돈의 개념을 이해는 하지만, 행동으로 이어지기에는 아직 많은 단계가 남아 있다는 것이다.

가끔 재테크를 막 시작한 사람이, 골인 지점만 바라보고 달리는 경주마처럼 앞만 보고 달려가는 걸 볼 때가 있다. 하지만 애석하게도 결말은 대부분 같은 방향으로 흘러간다. 그들은 부자 아빠의 탈을 썼을 뿐 가난한 아빠와 다르지 않다. 단순히 돈에 대해 긍정적으로 생각하고, 리스크를 감내하는 마인드를 가지는 게 부자 아빠의 모습은 아니다. 세상에는 무엇이든 순서가 있는 법이다. 한 단계씩 걸어 나가는 노력과 인내가 반드시 필요하다.

결국 아는 게 힘이다

나도 마찬가지였다. 처음에는 여지없이 가난한 아빠의 모습이었다. 그러나 한 단계, 한 단계 부자 아빠가 되기 위해 노력했다. 나만의 지식과 노력으로는 쉽지 않아, 이미 부자 아빠의 영역에 도달한 많은 사람에게 이야기를 들었고, 그에 따라 행동했다.

영국의 백만장자 롭 무어Rob Moore는 저서 『레버리지』에서 '가난한 사람은 돈이 있어야 돈을 번다고 생각한다.'고 말했다. 반면에 부자는 아이디어, 에너지 등이 돈을 벌 때 가장 필요한 가치라고 여긴다. 롭 무어는, 가난한 사람의 문제는 돈을 벌 수 있을 만큼의 돈이 없을뿐더러, 일정 이상의 돈이 있다고 해도 자산과 부채의 개념이 명확하지 않아 돈을 벌 기회를 놓친다고 말했다. 그는 부자가 되기 위해서는 돈의 개념을 명확히 인지하는 게 중요하다고 강조했다.

부자의 운을 자신의 손에 가득 쥐기 위해서라도 우리는 금융 전반을 공부해야 한다. 숫자를 이해하고, 손익 계산이 빨라야 한다. 돈을 버는 방법이 무엇인지 연구하고, 관련 업종 및 산업 전반을 분석해야 한다.

이 모든 행동에는, 시간이란 노력과 용기라는 선택이 필요하다. 일상에서 즐기던 평소의 생각과 행동을 포기하는 선택이 될 수 있으니 말이다. 소파에 앉아 맥주를 마시며 TV를 보던 일상에, 재테크 관련 도서를 보고 경제 기사를 읽는 것을 추가해야 한다. 처음에는 지루할 수도, 불편할 수도 있다. 그러나 기존의 일상에 취하면 우리는 결코 가난한 아빠에서 벗어나지 못할 것이다. 어쩌면 지금이 우리가 부자 아빠가 될 수 있는 가장 좋은 기회일지도 모른다.

부자들의 마인드 따라하기

부자는 망해도 3대가 간다고 한다. 이 말은 여러 의미로 해석할 수 있는데, 두 번은 망해도 버틸 만큼의 자산이 많다는 의미이며, 부자도 3

대 안에 망할 수 있으니 정신 차리고 돈을 관리해야 한다는 의미이기도 하다. 우리가 중요하게 여길 부분은 부자들은 두 번은 망해도 버틸 기반이 존재한다는 것이다. 기반은 돈의 절대적인 수치를 말하지 않는다. 삶을 살아가는 마인드 혹은 태도로 봐야한다.

유대인의 정신적 지주 역할을 해 온 책이라 일컫는 『탈무드』에는 "물고기 한 마리를 잡아 주면 하루를 살 수 있지만, 그물 짜는 법을 가르쳐주면 평생을 살아갈 수 있다."라는 문장이 있다. 어릴 때부터 원리를 찾고 응용력을 길러주며 창의성을 키우는 유대인 교육법의 핵심이다. 이 원리는 부자들에게도 예외없이 적용된다. 부자들은 고기를 낚아서 맛있게 요리를 한 후 깨끗하게 씻은 수저와 함께 밥상을 차려서 자녀에게 건네지 않는다. 고기를 왜 낚아야 하는지, 고기를 어떻게 낚는지를 이야기하고 이해시킨다. 만약에 자녀가 받아들일 준비가 되지 않으면 준비가 될 때까지 기다린다. 자녀에게 전하려는 이야기를 자신은 그저 행동으로 보여주면 된다. 수많은 재테크 서적과 영상에는 이와 관련해서 수많은 이야기를 하는데, 그중에서 내가 지켜본 부자들이 공통적으로 가지고 있는 마인드는 크게 3가지가 있다.

부자들의 3가지 마인드

1. 목표가 분명하며 미래 지향적 성격을 가진다.

부자들은 현재에 안주하지 않으려 노력한다. 과거에 이룬 성과는 존중하되, 그 성과를 바탕으로 앞으로 더 나아가길 바란다. 수많은 선례상 물이 고이면 언젠가는 썩고 만다는 걸 누구보다 잘 알기 때문이다.

하지만, 그 누구도 알지 못하는 미래를 향해 무작정 걸어가긴 어렵다. 장애물에 걸려 넘어질 수 있으며, 한 발자국만 더 내밀면 절벽에 발이 닿을 수도 있다.

달조차 비추지 않는 깜깜한 밤에 어둠으로 둘러싼 골목길을 걸어가 본 적이 있을 것이다. 매일 걷던 길이라도 막상 그 골목을 향해 발을 내딛기엔 주저함이 발목을 붙잡는다. 그런데 어느 날 골목에 가로등이 하나 생긴다. 가로등이 골목길을 비추니 칠흑 같던 어둠도 옅어졌다. 이 때, 가로등처럼 아무것도 보이지 않는 우리 미래를 밝게 비춰주는 것이 바로 '목표'다. 목표는, 분명할수록 우리가 걸어가는 길을 더욱 밝게 비춰준다. 그리고 우리는 그 빛이 이끄는 대로 한 걸음씩 나아가면 된다.

과거에 인간의 뇌는 단순히 쾌락을 추구하고 고통을 기피하는 단순한 동기에 따라 작동했다. 그런데 시간이 흐르며 인간의 뇌는 고도로 발달됐다. 보이지 않는 미래를 어느 정도 예측할 수 있으며, 그 길을 향해서 무엇을 해야 할지 계획을 세울 정도가 된 것이다. 단순히 부자가 되고 싶다는 바람에서 그치지 않고 부자가 되기 위해 나아갈 수많은 방법을 연구한다.

스마트폰의 등장, 기후변화, 1인 가구의 증가 등 우리가 일상에서 마주하는 모든 현상이 누군가에게는 미래에 부를 창출할 기회가 된다. 부자들은 과거와 현재를 바탕으로 미래를 예측하여 목표를 잡는다. 그리고 계획을 잡고 행동한다. 아주 단순하지만 명확한 부의 순환고리다.

누군가는 미래를 위해 현재를 희생하는 태도가 행복하지 않은 길이라고 말한다. 행복의 기준을 미래에 두기엔 너무나 막연하다고도 한다. 하지만 오늘의 만족을 추구하며 살아가는 삶은 미래를 위한 저축, 투자와는 공존하기 쉽지 않다. 부는 한정된 자본과 시간이란 범주에서 오늘을 마음껏 즐기는 사람을 기다리지 않기 때문이다. 같은 상황이라면 미래를 위해 준비하는 자에게 부를 제공하려 한다. 그러니 현재 느끼는 잠깐의 불편과 고통이 먼 미래의 부를 창출하기 위해서는 반드시 필요하다. 운과 노력의 여하에 따라 생각보다 가까운 미래에 부를 만날 수 있다. 만약 5년 뒤에 부를 쟁취할 수 있다고 본다면, 한 사람의 인생에서 5년은 그다지 긴 시간이 아니다.

2. 사물과 현상을 긍정적으로 바라본다.

경제적 자유를 쟁취한 사람들은 현상을 바라볼 때 긍정적인 면을 조금 더 바라보고, 혹은 그러려고 노력한다. 단점을 감추는 게 아닌 장점을 극대화하는 방식을 택하는 것이다. 긍정심리학의 권위자인 바버라 프레드릭슨Barbara Fredrickson 박사는 저서 『긍정의 발견』을 통해 긍정적인 생각이 부에 미치는 결과를 이야기했다. 그녀는, 평범한 사람들의 삶에는 긍정과 부정의 비율이 1:1 또는 2:1이지만, 물질적·심적으로 번영한 사람들은 비율이 3:1 이상을 이룬다고 말했다.

그렇다고 매번 긍정적인 사고를 취하긴 어렵다. 부정적인 생각도 인간의 자연스러운 반응이기 때문이다. 그렇다면 행동이 이어지기 전에 생각을 바꿔보는 건 어떨까? 부정적인 생각이 떠올라도 행동으로 이어지기 전에 긍정적인 생각으로 전환하는 노력을 하는 것이다. 현상의 수많은 단점보다 확실한 한 가지 장점을 찾아내면 된다.

방식은 생각이 떠오르기 전과 후로 나눌 수 있다. 긍정적인 사고에 기반을 두는 건 자신을 아끼고 사랑하는 마음에서 비롯된다. 이런 사람들을 흔히 자존감이 높다거나 자기효능감이 높다라고 말한다. 긍정적인 가치관을 갖기 위해서는 우선 자기 행동을 칭찬하고, 행동에서 벌어진 결과의 부족한 부분을 탓하기보다는 과정에서의 장점을 발견해나가야 한다. 타인에게 봉사하거나 배려하는 행동으로도 자존감이 높아질 수 있다. 긍정적인 사고를 가진 사람을 곁에 두어도 좋다. 부정이 부정을 타고 흘러오듯, 긍정도 긍정을 타고 자신에게 들어온다. 주변에서 건네는 긍정이 한 사람의 태도를 변화시킨다.

3. 열정과 에너지를 분출한다.

부자는 모든 것에 최선을 다한다. 그들은 매순간 열정과 에너지를 분출하고, 결과가 최선이 아닐지라도 과정에서 어떠한 가치를 발견한다.

한 예로 누군가는 주식하는 사람들을 게으른 사람으로 여긴다. 특별한 노동 없이 단순히 마우스 클릭 몇 번만으로 돈을 벌기도, 잃기도 하기 때문이다. 그런데 주변에서 주식으로 돈을 많이 번 사람들을 보면 정말 부지런하다. 주식 매매가 9시에 시작되기에 평일에 늦잠은 꿈꿀 수도 없다. 새벽부터 일어나서 전날에 미국을 비롯한 다른 나라의 상황을 분석한다. 전날 미국의 상황이 다음 날 한국에 영향을 미치기 때문이다. 주식 호가는 빠르게 변동되기에 순간적인 판단이 이루어져야 하고, 관심 종목의 관련 산업뿐 아니라 연관된 기업의 동향까지 미리 파악해야 한다. 일시에 돈의 흐름이 달라지기에 장이 마감되는 오후까지 긴장의 끈을 놓을 수 없다. 해외주식까지 한다면 저녁에도 비슷한 일을 반복해야 한다. 부동산 투자도 마찬가지다. 단순히 남들이 괜찮다고 말하는 아파트를 매매하지 않는다. 부동산과 경제 흐름을 파악하려 기사, 부동산 도서, 관련 영상 등을 보며 공부한다. 이들은 전국적으로 직접 발품을 뛰기도 한다. 이러한 열정과 에너지가 존재하기에 부를 이뤘을 것이다.

이 세 가지 마인드가 아니라도 부자들이 공통으로 여기는 다양한 삶의 태도가 있다. 그러한 부분을 단순히 책과 영상에서 만나는 것보다 스스로 부자들을 만나서 이야기를 듣거나 함께 지내며 지켜보는 게 큰 도움이 된다. 간접경험이 아무리 효율적이라 해도, 직접경험에 가까운 행위가 더 큰 효과를 발휘할 수 있다.

시간은 금이라는 말의 진정한 의미

시간의 중요성을 언급할 때 늘 따라오는 명언이 있다.

'시간은 금이다.'

2011년 개봉한 영화 〈인 타임〉의 배경은 시간이 화폐 대신 사용되는 미래다. 시간이 무형이 아닌 유형의 자원이 된 것이다. 사람들은 월급으로 시간을 받는다. 이때, 자신에게 주어진 시간이 0이 되면 생명도 소멸하게 된다. 가난한 자는 언제나 시간이 부족하며, 부자들은 한 세대를 뛰어넘을 만큼 충분한 시간이 주어진다. 이에 반기를 드는 사람들은 부자들의 시간을 약탈하려 한다. 이 영화는 나에게 시간의 중요성을 다시 한 번 일깨워줬다.

부자들은 그 무엇보다 시간을 소중하게 여긴다. 단순히 1분 1초를 아낀다는 개념을 넘어 시간의 가치를 증폭시킨다. 그들은 삶의 효율성뿐만 아니라 효과성을 위해서 꼭 필요한 가치를 시간으로 둔다.

사람들은 시간이 누구에게나 공평하게 주어지는 몇 안 되는 가치로 생각하지만, 부자들은 실제로 그렇지 않다고 여긴다. 그들은 돈을 주고 사람들의 시간을 구매한다. 영화에서 보이는 들이 말도 안 된다 생각할 수도 있지만, 오래전부터 발생하고 있는 분명한 사실이기도 하다.

영화에서나 봤을 법한 거대하고 아름다운 집이 있다. 집에는 정원과 수영장까지 있다. 그리고 여러분은 이 집의 소유주다. 이 집의 청결과 아름다움을 유지하려면 지속해서 관리가 필요하고, 이 큰 집을 관리한다는 건 꽤 많은 시간을 필요로 한다. 이때 여러분은 돈을 주고 가정부를 고용한다. 정확히는 그들의 시간을 구매하는 것이다. 정원을 예쁘게 꾸미고 싶다면, 전문 기술을 가진 정원사가 되고자 노력한 그들의 시간을 사는 것이다. 그렇게 되면 청소하고 정원을 가꾸는 데 들이는 시간만큼의 여유시간이 생긴다. 여러분은 그 시간 동안 휴식을 취하며 피로를 풀어도 되고, 돈을 더 손에 쥐기 위해 투자 공부를 해도 된다. 하루가 24시간이 아닌 24시간+α가 되는 것이다.

효율적이고 효과적으로 시간 사용하는 법

롭 무어는 저서 『레버리지』에서 시간을 '낭비된 시간, 소비된 시간, 투자된 시간'으로 나눈다. 낭비된 시간은 쓸데없는 일에 까먹는 시간으로 경제적인 생산성이 없다. 우리가 일상에서 많은 시간을 들이는 게임 하기, 스마트폰 보기, TV 시청 등이다. 그리고 소비된 시간은 경제적인 측면이나 정서적인 측면에서 해당 시간의 이익만을 창출할 수 있다. 시급을 받으며 일하거나, 기계적인 업무를 수행하는 것이다. 이는 일반적인 직장인의 모습과 같다. 하지만 투자된 시간은 해당 시간을 투입하여 이후에도 오랫동안 수익을 올릴 수 있다. 지속적이고 반복적 이익을 창출할 수 있게 하는 시간이다. 뿐만 아니라 투자된 시간은 자기계발이나 발전을 위해 투자한 시간을 말한다. 롭 무어는 낭비된 시간과 소비된 시간을 줄여 투자된 시간을 늘리라고 이야기한다. 정해진 24시간 동안 무언가가 늘어나는 만큼 무언가가 줄어들 수밖에 없기 때문이다.

부자들은 투자된 시간을 늘리기 위해 여러 가지 방책을 연구한다. 시간을 돈으로 여긴다면 낭비된 돈을 아껴 돈을 벌어들이는 효율적인 시스템을 구축하는 것이다. 이들은 시스템을 구축하는 도중에 수많은 시행착오를 겪어도 그 시간을 낭비로 여기지 않는다. 시행착오 끝에 만들어질 시스템은 현재보다 긍정적인 효과를 더 많이 불러올 것을 확신하기 때문이다. 이때 부자들이 시간을 효율적으로 활용하는 방법은 크게 2가지로 나눌 수 있다.

1. 그 순간의 시간을 소중히 여긴다.

부자들은 시간을 밀도 있게 사용하려 노력한다. 하루 24시간은 변하지 않는다는 전제 아래 그 안에서 최대의 효율을 발산하려 노력하는 것이다. 그들은 1분 1초 그 순간의 시간을 소중하게 여긴다. 페이스북 본사에는 '완료하는 것이 완벽한 것보다 낫다Done is better than perfect'라는 표어가 붙어 있다. 완벽을 추구하려 긴 시간을 들여 고민할 때가 필요하지만, 가능한 주어진 상황을 신속하게 진행하여 일을 마무리하는 게 더 중요하다는 의미다. 또한, 이들은 업무와 업무 사이에 생긴 잠깐의 자투리 시간도 허비하지 않는다. 단순히 휴대폰 기사를 보며 시간을 보내지 않고 독서를 하거나, 자기 계발할 수 있는 일

런의 행위를 하려 노력한다.

2. 시간의 우선순위를 정한다.

사람들은 하루에 해야 할 일이 많다. 그런데 체력적으로나 시간적으로나 자신에게 주어진 모든 일을 해내기란 쉽지 않다. 일의 우선순위를 정해야 하는 이유다. 부자들은 하루를 기준으로 두되 일주일, 한 달 등 일정기간 해야 할 일의 우선순위를 같이 점검하고 중요한 일에 집중한다. 스스로 판단했을 때 지금 하지 않아도 될 일이라면 그 일로부터 과감하게 멀어진다. 부자들은 생각보다 사모임이 많지 않다. 이들은 인맥 관리보다 자기 발전을 위해 더 많은 시간을 투자한다. 타인과의 관계만큼이나 자기 계발을 우선으로 두는 것이다.

모든 일을 중요하게 여길 수 있지만 그 안에서도 우선순위를 나눌 수 있다. 일의 중요도에 따라 시간 배분에 차이를 두는 것이다. 도저히 나눌 수 없다면 불필요한 시간을 줄여 시간을 만들어도 된다. 예를 들어 직원들과의 미팅을 짧고 굵게 함으로써 회의의 질을 높이고 내 시간을 마련할 수 있다. 또한, 불필요한 전화 시간을 줄임으로써 다른 일을 해낼 수 있다.

아무리 바쁘고 할 일이 많아도 줄여서는 안 되는 시간도 존재한다. 바로 건강에 투자하는 시간이다. 부자들은 술자리가 있더라도 늦지 않게 마무리하며, 운동도 꾸준히 한다. 수면 시간은 각자의 성향에 따라 다르지만, 대부분 적정 시간의 수면을 취한다. 건강하지 못하여 잃게 되는 시간과 금액의 중요함을 알기 때문이다. 건강을 꾸준히 유지한다면 열정적으로 일하여 시간 관리에 더욱 매진할 수 있다.

5

올바른 투자로
내 집 마련하는 방법

내집마련의 시작, 주택청약

의식주衣食住는 인간의 삶을 구성하는 필수요소다. 예전과 다른 점이라면 사람들이 음식보다 거주에 더 많은 욕망을 쏟아 붓고 있다는 것이다. 좋은 위치에 있는 아파트만 손에 쥔다면 안정된 삶은 물론이고 수억 원에 달하는 금액까지 이득을 볼 수 있기 때문이다. 그런데 막상 현실은 각 도시에 지어진 수많은 주택 사이에 내 이름으로 된 집 한 채조차 없는 사람이 많다. 서울 한복판의 집값은 일반 직장인의 월급으로는 도저히 살 수가 없게 되었고 거주지를 점점 수도권 외곽과 지방으로 옮겨가지만, 그곳마저도 집값이 부담스럽다. 행복을 삶의 목적으로 추구하는 사람들도 어느 순간부터 내 집 마련을 삶의 목표로 삼고 살아간다.

내 집 마련은 지금의 2030세대에게 더욱 큰 문제다. 대리, 과장 월급으로도 집을 구매하기 어려운 시대인데, 사회 초년생이 어떻게 수억 원에 달하는 집을 손에 쥘까. 그렇다고 평생 전월세로만 살 수는 없다. 전월세에 머물러 있는 동안 집값은 더욱 오를 것이고, 전월세를 구할 돈도 마땅치 않아진다. 집값이 오르면 전월세 가격도 동반 상승하기 때문이다. 사회에서 제대로 된 신용이 보장되지 않은 청년들에게는 대출도 쉽지 않다.

그렇다면 한없이 오르는 집값을 그저 바라만 보고 있어야 하는 걸까? 아니면 내 집 마련의 꿈을 포기해야 하는 걸까? 수억 원에 달하는 아파트를 바로 구매하기는 어렵지만, 주거의 욕구를 이룰 수 있는 가장 기본적인 방법이 존재한다.

주택청약 이해하기

주택청약은 주택공급에 관한 규칙에 따라서 시행되는 주택공급 방법이다. 아파트 입주자를 선정할 때 필수이자 우선으로 진행되는 기준인 것이다. 주택청약을 하려면 주택청약통장이 있어야 한다. 주택청약통장은 청약저축(국민주택), 청약예금(민영주택), 청약부금(소형 민영주택), 주택청약종합저축(민영, 국민주택)으로 나뉜다. 현재는 주택청약종합저축으로만 진행한다.

불과 십여 년 전만 하더라도 주택청약 제도는 지금만큼 뜨겁지 않았다. 전월세로 살면서 돈을 모은 후 아파트를 구매해도 늦지 않았기 때문이다. 그런데 눈을 감았다 뜨면 아파트값이 오르는 지금 시대에서 집을 사기 위한 돈이 모일 때까지 막연히 기다릴 수만은 없다. 적어도 집을 살 수 있는 최소한의 준비는 해야 한다. 그것이 주택청약이다. 누군가는 모두가 청약을 하기에 큰 의미가 없다고 말하기도 한다. 하지만 무엇이든지 기본은 해놓은 상태에서 다음 단계를 밟아가는 게 옳다.

주택청약은 국민주택과 민영주택으로 나뉜다. 국민주택은 국가 및 지자체, 한국토지주택공사 등에서 건설하는 주택이다. 민영주택은 국민주택을 제외한 민간 기업이 짓는 주택으로, 흔히 우리가 아는 아파트 브랜드들이다. 대부분 청약은 민영주택에서 이뤄진다. 단, 민영주택에도 국민주택이나 공공임대 할당분이 있어서 청약 신청 시 사전 확인이 필요하다.

청약은 1순위 조건을 갖추는 게 가장 중요하다. 예전에는 2순위도 청약에 당첨될 때가 있었으나, 최근에는 웬만하면 1순위에서 결정된다. 1순위 기준은 국가 및 지역 정책에 따라 다르다. 민영주택은 거주지, 청약통장 가입 기간, 납입 횟수 등에 따라 결정되며, 국민주택은 무주택기간 년 수, 저축 총액 혹은 납입 횟수로 결정된다. 청약 예치금은 평수마다 다르나 일반적으로 민영주택 기준 300만 원이다. 정확한 금액은 아래 표에서 확인할 수 있다.

민영주택 청약통장 1순위 조건				
전용면적 지역	85m2 이하	102m2 이하	135m2 이하	모든 면적
서울/부산	300만 원	600만 원	1,000만 원	1,500만 원
기타 광역시	250만 원	400만 원	700만 원	1,000만 원
기타 시/군	200만 원	300만 원	400만 원	500만 원

1순위에 해당한다면 청약 점수가 중요하다. 민영주택 청약 당첨 방식은 가점 점수가 높은 순으로 당첨자를 선정하는 '가점제'와 청약에 응모한 사람을 대상으로 추첨하여 당첨자를 선정하는 '추첨제'

로 나뉜다. 일반적으로 가점제의 비중이 높아서 사람들은 가점 점수를 올리기 위해 많은 노력을 한다. 추첨제는 철저히 운에 맡겨야 하기 때문이다. 가점 점수는 무주택(32점), 부양가족 수(35점), 청약통장 가입 기간(17점)으로 총 84점 만점이다. 즉, 무주택 기간이 길고, 부양가족 수가 많고, 청약통장 가입 기간이 길수록 점수가 높아서 당첨될 확률이 높다. 만점에 가까운 경우는 거의 없으며, 대개 50~60점 전후로 당첨 기준이 결정된다. 인기가 높은 지역은 70점이 넘어야 당첨되는 경우도 있다. 청약 점수는 한국감정원이 운영하는 청약홈 사이트 www.applyhome.co.kr의 '모집공고단지 청약연습 내역'-'청약가점계산기'에서 확인할 수 있다. 국민주택은 저축 총액이 많거나, 납입 횟수가 많으면 당첨에 유리하다.

주택청약통장을 만들어야 하는 이유

현실적으로 2030 청년세대의 청약 가점은 이른 나이에 부양가족이 있거나, 가족과 일찍 세대 분리를 하지 않았다면 낮을 수밖에 없다. 그렇기에 청약 점수를 높일 최선의 방법은 청약을 최대한 빨리 넣는 것이다. 만 19세가 되자마자 주택청약통장을 개설하여 입금을 진행하는 게 좋다. 만약 만 19세가 지났음에도 아직 가입하지 않았다면 지금이라도 진행해야 한다. 한 번에 수백만 원을 입금하는 형태가 아니기에 돈의 부담을 느낄 필요는 없다. 매달 2~50만 원까지 자유롭게 납입이 가능하기 때문이다. 국민주택은 저축 총액이 중요하기에 1회 최대 인정금액인 매달 10만 원씩 넣는 걸 추천한다. 청약 당첨의 확률을 높이려면 틈틈이 정보를 체크하고 수집해야 한다. 이때, 각종 부동산 카페나 SNS, 청약홈 사이트 등에서 정보를 얻을 수 있다.

청약에 계속 떨어진다 하더라도, 정말 돈이 급한 상황이 아니라면 청약통장을 해지하지 않는 편이 낫다. 주택청약종합저축 상품은 적금 또는 일시 예치식으로 납부가 가능하며, 연 이자가 1.0~1.8% 차등 지급된다. 또한 총급여 7천만 원 이하, 무주택 세대주, 청약통장 월 납입액 20만 원 기준에 해당한다면 총액 240만 원 중 소득공제 40%를 적용해 96만 원의 소득공제를 받을 수 있다.

주택청약통장 다양한 활용 방법

만 19~29세 이하에 연봉이 3천만 원 이하 무주택 세대주라면 청년 우대형 청약통장으로 가입이 가능하다. 청년 우대형 청약통장은 연 600만 원 한도로 금리를 최대 3.3% 제공한다. 가입기간이 2년 이상이면 최대 10년 이자소득에 관해 500만 원 비과세뿐만 아니라 연 240만 원 한도로 40% 소득공제도 가능하다. 온라인에서는 신청이 안 되며 대면으로 은행에서 신청이 가능하다. 또한, 내 집 마련 디딤돌대출 제도도 활용할 수 있다. 시중 은행 상품보다 훨씬 낮은 금리로 주택 담보 대출을 저렴하게 받을 수 있는데, 청약통장이 있으면 1년 이상(12회차) 납입자는 0.1%의 금리를, 3년 이상(36회차) 납입자는 0.2%의 금리를 낮춰준다.

청약통장은 집을 구매할 수 있는 최소한의 기준일 뿐, 100% '구매'할 수 있는 마법의 주문은 아니다. 경제적 여건을 고려하지 않고 모래알이 바닷물에 휩쓸리듯 막무가내로 아파트 청약을 하는 건 고려할 필요가 있다. 청약에 당첨되면 정말 기쁜 일이다. 그런데 경제적인 이유로 계약금을 못 내는 경우도 있다. 일반적으로 아파트 계약금은 10~20%다. 즉, 분양가 6억 원의 아파트라면 최소 6천만 원부터 1억 2천만 원의 돈이 있어야 한다는 것이다. 물론, 25평 전후의 소형 평수면 초기 비용이 확 줄어들 수 있다. 그럼에도 3천만 원 전후의 금액은 필요하다. 이것이 이제 갓 사회에 발을 내디딘 사람이 지출을 줄이고, 절약해서 빠르게 일정 종잣돈을 모아야 하는 가장 현실적인 이유다. 청약에 당첨되면 계약 여부와 상관없이 당첨자로 분류된다. 계약금을 넣지 못해 당첨에 취소가 되더라도 최소 5년에서 길게는 10년까지 청약 신청 제약이 발생하는 것이다. 이렇게 되면 기존의 청약통장 자격도 소멸하여, 청약통장을 재발급해야 한다. 기존의 점수가 높지 않더라도, 다시 그 점수를 만드는 작업은 꽤 고된 일이다. 그러나 아파트 청약을 진행할 때는 반드시 이런 경제적 여건을 고려 후 계획적인 접근이 필요하다.

주택 청약 실패 시, 내집마련 방법

내 집을 '신축'으로 처음 마련하는 게 가장 좋은 방법인 것은 사실이다. 하지만 좋은 입지일수록 청약 경쟁률은 엄청나게 상승한다. 2030 세대는 상대적으로 청약통장 점수가 낮을 수밖에 없고, 신혼부부나 자녀가 많은 경우 특별 공급으로 노려볼 수는 있으나, 그렇지 않다면 청약을 통한 내 집 마련은 쉽지 않은 일이다. 그렇다면 청약이 안 된다고 해서 내 집 마련을 평생 포기해야 하는 걸까? 결론을 먼저 말하자면, 절대 아니다.

청약에 실패한다면, 그 대안은 기존 주택을 매수하는 것이다. 직장 생활을 통한 월급 및 부업과 투자를 통해 1억 원 정도를 모았다면, 수도권 기준 2~3억 원대의 집을 매수할 수 있다. 물론, 대출의 도움을 받아야 하는데, [주택도시보증공사]에서는 만 30세 이상 미혼 개인의 연 소득이 6천만 원 미만일 경우, 3억 원 및 25평 이하의 집을 매수하는 조건으로 초저금리로 1.5억 원까지 대출을 지원해준다. 단, 만 30세 미만 단독 세대주는 대출 제외니, 주의해야 한다.

또, 부부 합산 연 소득 6천만 원(신혼부부는 연 소득 7천만 원) 이하에, 가지고 있는 전 재산이 3.94억 원 이하의 경우, 5억 원 및 34평 이하의 아파트를 매수하는 조건으로 초저금리로 2억 원(신혼부부는 2.2억, 2자녀 이상 가구는 2.6억 원)까지 대출을 지원해 준다.

위에 알려준 사항에 해당하는 미혼이나 기혼 무주택자라면, 초저금리로 디딤돌 대출을 받아서, 기존 주택을 마련하는 것도 방법이다. 그렇다고 가격과 평수만 고려해, 아무 주택이나 매수하라는 것은 아니다. 교통과 입지, 학군 등을 고려하는 것은 기본이며, 추후 생겨날 호재까지 조사한다면 금상첨화다. 서울 및 수도권 일부는 어렵겠지만, 경기도 외곽 및 지방을 살펴보면 25평에 3억 이하, 34평 5억 이하 아파트는 아직도 충분히 있다.

매수할 아파트의 기본적인 추천하는 기준은 다음과 같다.
1. 전철역에서 최대 도보로 10분을 넘지 않을 것
2. 아파트 근처에 초등학교가 있어 자녀의 등교가 편할 것
3. 세대수는 많으면 많을수록 좋지만 최소 200세대 이상일 것
4. 엘리베이터가 지하주차장까지 연결될 것

이 정도만 지켜도 실 거주로 매수한 집의 가격이 하락할 일은 크게 없다. 다만, 해당 지역에 신축 분양을 했는데, 미분양이 최근에 났다면 매수를 하지 말라고 권하고 싶다.

또한, 20년 이상 된 오래된 아파트를 매수한다면, 용적률과 건폐율도 확인해야 한다. 용적률은 200% 이하, 건폐율 20% 이하라면, 오래되더라도 재건축 조건에 부합하기에 가격 하방성을 유지해준다. 다른 것은 다 마음에 드는데, 저 조건이 어렵다면 최소한 용적률 250% 이하는 되어야 '리모델링'의 가능성이라도 열려서, 연식이 오래되더라도 오히려 가격이 오를 수도 있다. 실제 재건축과 리모델링을 하느냐, 안하느냐가 중요한 게 아니라, 나는 이 책을 읽는 여러분의 자산이 내려가기를 원하지 않기에, 구축 매수 시의 유의할 점을 알려줄 뿐이다. 구축의 경우, 실제로 하는지 안하는지의 여부와 상관없이 추후 재건축과 리모델링에 대한 기대감만으로도 가격이 내려가는 것을 방지하는 경우가 꽤 많다. 운이 좋아, 실제 재건축이나 리모델링 조합이 만들어져 차츰 진행이 되거나, 주변에 교통 호재라도 발생한다면, 구축 아파트를 통해서도 충분히 자산 상승이 가능하다는 점을 잊지 않기를 바란다.

공공주택을 활용하여 내 집 마련하기

주택청약이 내 집 마련의 첫 단추라고는 하지만 당첨이 쉽지만은 않다. 특히 지난해부터 불어온 부동산 열풍으로 인해 청약 경쟁률이 1:100을 초과하는 경우도 많아지고 있다. 그렇다고 민간 기업이 청년들만을 위한 저렴한 집을 지어주진 않는다. 매년 오르는 땅값, 자재비, 인건비를 무시할 수 없기 때문이다. 이런 경우에는 정부에서 마련한 공공주택 지원제도를 활용하면 좋다. 공공주택 지원제도는, 국가나 지자체에서 무주택자와 사회 취약계층의 주거 안정을 위해 주변 시세보다 저렴하게 공급하는 주택을 말한다. 다만, 청년층이나 1인 가구는 당첨이 여러모로 불리하다. 일반적으로 기초생활수급자, 저소득자, 다자녀가구를 우선으로 하기 때문이다. 그래서 이번 파트는 만 19~39세 이하 청년층들을 위한 공공주택을 몇 가지 살펴볼까한다. 어쩌면 청년층에게 가장 현실적인 도움이 될 수도 있다.

1. 행복주택

국토교통부와 한국토지주택공사LH가 대중교통이 편리한 곳에 집을 지어 주변 시세보다 60~80% 낮은 수준으로 공급하는 임대주택이다. 대부분 신축으로 공급해서 젊은 수요층에 인기가 많다. 무주택자이면서 재직하는 회사나 통학하는 학교가 행복주택 소재지에 있으면 신청이 가능하다. 역세권 청년주택에 비해 조금 넓은 $59\,m^2$(25평)까지 공급되며, 재건축형은 민영주택 브랜드 대단지로 공급되는 특징이 있다. 임대차 계약은 2년, 최대 3회까지 갱신할 수 있으며 자녀가 있는 신혼부부는 최대 10년까지 거주할 수 있다. 다만, 현재로서는 서울 외곽에 공급물량이 많고, 일부 입지가 좋은 지역은 월세에 관리비를 더하면 주변 시세와 큰 차이가 없을 수 있다. 영구임대, 국민임대와 같이 기존의 임대주택이 소득요건만 봤다면 행복주택은 특정 계층 자격요건을 만족해야 한다. 자세한 입주 자격은 아래와 같다.

대학생: 재학 또는 입·복학 예정인 무주택자, 본인 및 부모님의 월 평균 소득이 전년도 도시근로자 가구원 수별 가구당 월평균 소득이 100% 이하, 본인의 총 자산 7,800만 원 이하, 자동차 미소유, 졸업자인 경우 졸업 2년 이내

신혼부부: 신청인 본인의 혼인 기간이 7년 이내, 부부 모두 무주택세대 구성원, 전년도 도시근로자 가구원 수별 가구당 월평균 소득의 100% 이하(맞벌이는 120% 이하), 시대 내 구성원의 총자산이 2억9,200만 원 이하, 자동차 가액 3,496만 원 이하

청년(+사회초년생): 직장생활 5년 미만의 미혼, 전년도 도시근로자 가구원 수별 가구당 월평균 소득의 100% 이하(가구원 수가 1인인 경우에는 120%, 2인인 경우에는 110% 이하), 총자산이 2억5,400만 원 이하, 자동차 가액 3,496만 원 이하

2. LH 청년전세임대

한국주택공사LH에서 기존 주택을 집주인과 전세로 계약하고 저렴하게 재임대하는 방식이다. 만 19~39세 이하의 무주택자인 청년이 대상이다. 저소득층의 주거 안정을 목적으로 하므로 소득요건이 크게 작용한다. 자세한 조건은 아래와 같다.

1순위: 생계·주거 의료급여 수급자 가구 및 보호대상 한부모가족 가구, 차상위계층 가구의 청년, 보호종료아동, 청소년 쉼터 퇴소 청소년

2순위: 본인과 부모의 월평균 소득이 전년도 도시근로자 가구원 수별 가구당 월평균 소득의 100% 이하, 본인과 부모의 자산이 2억 9,200만 원 이하, 자동차 가액 3,496만 이하

3순위: 본인의 월평균 소득이 전년도 도시근로자 가구원 수별 가구당 월평균 소득의 100% 이하, 본인의 자산이 2억5,400만 원 이하, 자동차 가액 3,496만 원 이하

최초 임대 기간은 2년이며, 입주 자격 요건을 유지하면 2년 단위로 2회 재계약이 가능하다. 단독거주는 수도권 1억 2,000만 원, 광역시 9,500만 원, 기타 지역 8,500만 원까지 전세금이 지원된다. 임대보증금은 1순위 100만 원, 2·3순위 200만 원으로 주변 시세 대비 월등히 저렴하다. 월 임대료는 전세지원금 중 임대보증금을 제외한 금액에서 연 1~2% 이자가 발생한다. 예를 들어 2순위에 해당하는 사람이 수도권 전세자금을 받는다면 (1억2,000만 원-2백만 원)×연 이자 2%/12개월 = 약 196,000원의 이자를 월 임대료로 지불하는 셈이다. 보증금이 저렴한 월세 20만 원짜리 집에 사는 개념이다.

신청자가 많아서 경쟁률이 아주 치열한 편이다. 단, 전세 임대와 관련한 모든 계약과정을 본인 스스로 알아서 해야 한다. 계약 전에 집주인에게 LH 전세금을 지원받는다고 이야기를 해두면 좋다. 계약이 만료되면 LH로부터 지원받은 지원금은 되돌려줘야 한다.

3. 신혼희망타운

결혼을 앞두거나 혼인 기간이 7년 이내 또는 6세 이하의 자녀를 둔

무주택가구 구성원을 둔 가정에 공급되는 주택이다. 방식은 분양형과 임대형으로 구분된다. 자세한 조건은 아래와 같다.

분양형: 가입 6개월 경과 및 납입인정 횟수가 6회 이상인 주택청약종합저축 통장, 전년도 가구당 도시근로자 월평균 소득 120% 이하, 총자산 3억 3,300만 원 이하

임대형: 본인 또는 배우자 1인이 입주 전까지 입주자 저축에 가입한 사실을 증명, 전년도 가구당 도시근로자 월평균 소득 100% 이하, 총자산 2억 8,800만 원, 자동차 가액 2,468만 원 이하

일반적으로 주변시세 대비 절반가로 공급되며, 1.3% 고정금리로 분양가 대비 최대 70%까지 대출이 가능하다. 혼인 2년 이내 혹은 만 2세 이하 자녀를 둔 가정에 30% 가점제로 우선 공급된다. 결혼 기간이 얼마 되지 않았으며, 자녀가 어릴수록 더 유리하다고 볼 수 있다.

4. 서울시 역세권 청년주택

서울주택도시공사SH에서 주관하며, 민간과 공공이 협력하여 대중교통 중심 역세권에 공급하는 임대주택이다. 만 19~39세 청년이 대상이며, 사업대상 지역 거주민에게 우선 공급된다. 서울시 역세권 청년주택은 주변시세 대비 30~95% 수준의 전셋값으로 공급된다. 합정역, 상수역, 충정로역 등 초역세권은 경쟁률이 매우 치열한데, 이외의 일부 지역은 금액이 상대적으로 저렴하지 않을 수 있으니 신청 전에 확인이 필요하다.

SH에서 진행하는 다른 임대주택 방식으로 희망하우징이 있다. 일반적으로 지방에서 올라온 대학생들을 우대하며, 주변시세 대비 저렴하다는 장점이 있다. 계약기간은 2년이며, 자격 유지 시 2회에 한해 최장 6년까지 거주가 가능하다.

5. 주거급여

주거급여는 앞선 방식과는 조금 다른 형태로 저소득층의 주거비를 지원하는 제도다. 임차료, 유지수선비 등의 지원을 목적으로 한다. 지원 대상은 중위소득의 45% 이하이며, 1인 가구뿐 아니라 6인 가구도 혜택을 볼 수 있다. 21년부터는 주거급여 수급가구 내 부모와 떨어져 사는 만 19~30세 미만의 미혼 자녀에게 주거급여를 분리하여 지급한다. 급지에 따라 지원하는 금액이 다른데, 1급지인 서울은 1인 월 31만 원, 6인 월 58만 8천 원까지 임차료를 지원받는다. 자가는 457만 원에서 1,241만 원까지 지원한다. 3년 주기로 도배 및 장판, 5년 주기로 오급수 및 난방, 7년 주기로 지붕 및 기둥 등의 수리를 지원해준다. 제주도 본섬을 제외한 육로로 통행이 불가능한 도서지역은 기존 수선비용에서 10% 가산하여 적용한다. 이 지원제도는 소득 기준으로 대상을 판단하므로 통장에 돈이 많거나 자동차를 소유하고 있다면 지원받을 확률이 낮다. 주거복지포털 마이홈www.myhome.go.kr에서 주거급여에 관해서 확인할 수 있으며, 보건복지부에서 운영하는 복지로www.bokjiro.go.kr에서 신청할 수 있다.

올바른 투자를 위한 투자 3가지 법칙

얼마 전에 한 자산가를 만나 오랜 시간 재테크 관련 이야기를 나눴다. 그는 절약과 저축을 통해 종잣돈을 마련했고, 그 돈으로 주식과 부동산에 투자하여 경제적 자유를 이뤘다. 그는 호탕하게 웃으며 투자할 때마다 언제나 리스크와 함께 했다고 말했고 자칫 방심했으면 자산가가 아닌 평생 빚쟁이가 될 수 있었다고 덧붙였다. 대화 말미에 그의 이야기가 기억에 남는다.

"수십 년 동안 투자를 했지만, 지금처럼 투자로 활황 타오르던 시대를 본 적이 없어요. 지금이야말로 투자의 시대인 것 같아요. 80~90년대에 투자는 소위 돈 있는 사람들끼리 하는 소수의 전쟁이었다면, 지금은 대중의 영역으로 불길이 번진 거죠."

그는 대화 중 현재 상황을 우려 섞인 시선으로 바라보기도 했다. 자산 불리기에 투자는 필수이지만, 투자만이 전부는 아니기 때문이다. 그는, 요즘 투자를 시작하는 사람들은 절약과 저축의 단계 없이 바로 투자를 시작한다고 했다. 그가 말한 가장 큰 문제는 삶에 오르막과 내리막이 있듯이 투자에도 오르막과 내리막이 있다는 것이다. 그는, 자신이 머문 자리가 어디인지는 누구도 알 수 없지만, 단순히 투자에만 집중하면 경사의 기울기가 급해진다고 말했다. 내가 서 있는 위치가 만약 내리막의 시작이라면 어떨까. 여러분은 급경사를 버텨낼 몸과 마음의 준비가 되어 있는가?

바야흐로 투자의 시대다. 나는 오랜 시간 투자를 하지 않았지만, 주위만 둘러봐도 충분히 단언할 수 있다. 앞집 아저씨, 옆집 아주머니, 윗집 청년 등 모두가 투자에 관심을 보이고 있다. 자본이 많으면 많은 만큼, 적으면 적은 만큼 각자의 자리에서 자기 맞춤용 투자를 진행한다. 투자를 하지 않으면 뭔가 도태되는 느낌을 받기도 한다. 물가와 집값은 쉬지 않고 올라가는데, 우리의 수입은 정체되어있기 때문이다.

직장인들은 출근과 동시에 주식 어플을 확인한다. 회의 시간에는 사놓은 주식을 확인하느라 상사의 이야기를 잘 듣지도 않는다. 대학생들은 수업 도중에 암호화폐 변동성에 몰입하느라 수업에 집중할 수 없다고도 한다. 그래프가 우상향하면 미소가 번지고, 우하향하면 감정 기복도 그래프를 따라간다. 주말에는 평일보다 더욱 쉴 시간이 없다. 다이아몬드 원석 같은 재개발·재건축 단지를 찾기 위해 동네별 부동산에 발품을 팔아야 한다. 사람들이 다 아는 동네는 비싸서 들어갈 수가 없다. 카페에서 커피를 시켜 놓고 유튜브에 올라오는 영상을 보며 투자 방법을 공부한다. 둘 이상 모이면 아파트 집값 이야기부터 시작하고 본다. 누군가에게는 소설 속 이야기로 들릴지 모르지만, 실제로 우리 주변에서 일어나는 현실이다.

투자와 투기의 차이

투자가 무엇인지 종종 자문할 때가 있다. 수학 공식을 알아야 문제를 풀 듯 투자가 무엇인지는 알아야 투자를 하기 때문이다. 투자는 '이익을 얻기 위해 어떤 일이나 사업에 자본을 대거나 시간이나 정성을 쏟음'이라는 뜻이다. 그렇다면 우리가 하는 행위는 투자가 맞다. 대부분 이익을 얻으려 시간을 들여 정보를 찾고 자본을 대기 때문이다. 투자의 핵심은 이익이다.

그런데 누군가는 이익을 챙기는 행위를 두고 투기라고 말한다. 뉴스에서 투자와 관련한 부정적인 사건을 이야기할 때 자주 언급되는 단어다. 투기는 '기회를 틈타 큰 이익을 보려고 함'이라는 뜻이다. 앞선 투자와 다른 점이라면 '틈타', '큰 이익' 정도다. 기본 정의만으로 투자와 투기가 구분되는가? 투자는 좋고, 투기는 나쁜 건가? 투자를 통해서 많은 돈을 벌고 싶은 마음이 사람의 본성 아닐까? 그렇다면 우리가 하는 행위는 투자인가, 투기인가.

주위에 이 질문을 던지면 여러 답변을 듣지만, 대부분 공통으로 언급하는 단어가 있다. 내로남불. 내가 하면 투자, 남이 하면 투기다. 자기가 100만 원을 잃으면 투자해서 잃은 거지만, 남이 1,000만 원을 벌면 투기해서 번 것이다. 실제 법으로도 투자와 투기를 구분해서 처벌하는 규정이 마땅치 않다는 점에서 이만큼 투자와 투기를 잘 구분하는 단어는 없다.

투자와 투기의 경계를 구분하는 3가지 법칙

통상적으로 투자는 긍정과 부정을 동시에 내포하지만, 투기는 대부분 부정적으로 여긴다. 그렇다면 우리는 투기가 아닌 투자를 하는 게 맞다. 그런데 앞서 밝혔듯 투자와 투기를 명확하게 구분하긴 어렵다. 다만, 자산가들이 공통으로 이야기한 투자의 3가지 법칙을 통해 어느 정도의 선은 구분 지을 수 있다.

　무엇보다 자기만의 투자 철학이 중요하다. 처음부터 투자에 철학이 생길 수는 없다. 투자 초기에는 유명 자산가들의 말과 행동을 따라하며 대략적인 틀을 만든 뒤에 수많은 경험을 통해 자기만의 투자 철학을 확립할 수 있다. 투자로 수익이 생기면 좋겠지만, 돈을 잃을 수도 있다. 대신 잃는 과정에서 여러 가지를 배울 수 있다. 투자를 한 번만 할 게 아니라면 그 순간의 배움은 남은 투자 인생에서 무엇보다 가치 있게 적용된다. 아이러니하지만 큰돈을 잃을수록 배움의 양이 많아지고, 자신만의 철학이 선명해진다.

　투자 철학 없이 투자를 지속하는 행위는 무척 위험하다. 그런데 철학이 없어도 투자로 돈을 계속 벌 수 있다. 감각도 투자에서 아주 중요한 요소기 때문이다. 다만, 이 행위는 지속성을 장담할 수 없다. 이보다 더욱 위험한 건 자기만의 철학을 가지고 있음에도 아무런 망설임 없이 기준의 경계를 넘나들어 투자하는 것이다. 어쩌면 그것이 투기일지도 모른다. 가끔 투자로 돈을 번 사람들이 투자로 돈을 잃은 사람을 이해 못할 때가 있다. '이 쉬운 걸 왜 못 하지?'라는 생각을 하면서 말이다. 투자할 때마다 매번 돈을 잃지는 않을 것이다. 전설적인 마이너스의 손이 아니라면 말이다. 대부분 10만 원의 이익을 5번 취해도 100만 원의 손해 한 번으로 50만 원을 잃게 된다. 투자 철학이 존재해도 선명하지 않다 보니 욕심이 그 경계를 가볍게 넘어가 버린 결과다.

　북유럽 등 특정 지역에서 서식하는 들쥐의 일종인 레밍이라는 동물이 있다. 한 지역에서 레밍의 개체 수가 엄청나게 불어나면 단체로 바다에 뛰어들어 집단 자살을 한다. 각자만의 투자 철학이 없다면 누구나 레밍과 같은 행동을 할 수 있다. 실제로 자신만의 어떠한 기준 없이 남들이 하는 행동을 무작정 따라 하거나 동조하는 쏠림 현상을 레밍 효과Lemming effect라고 부른다. 최근에는 2030 세대에서 주로 보이는 재테크 방식을 설명할 때 쓰이기도 한다. 이들은 자기만 뒤처질 것 같은 사회적 불안으로 인해 소위 '영끌', '빚투'로 투자를 하지만, 애석하게도 그러한 결과는 대부분 안 좋게 이어질 확률이 높다.

2. 투자금액의 배분

도박장에서 최후에 돈을 따는 사람은 자본이 가장 많은 사람이라고 한다. 돈이 적으면 잃는 만큼 마음의 여유가 없어지지만, 돈이 많다면 어느 정도까지는 잃어도 큰 흔들림이 없기 때문이다.

투자도 마찬가지다. 똑같은 100만 원을 잃어도 자산의 총액이 1,000만 원인 사람과 1억 원인 사람의 마인드는 꽤 큰 차이가 있다. 투자는 돈을 벌려고 하는 행위이지만, 돈을 잃을 수도 있다는 사실을 분명히 명심해야 한다. 누군가 100만 원을 번다면, 누군가는 100만 원을 잃는다. 투자에서 가장 간단하면서도 기본적인 공식이다. 자기가 무조건 버는 사람에 속한다고 생각하는 건 오만에 가깝다.

투자금액이 전세자금이나 월세 보증금이라면 투자를 하지 않는 게 현명한 방법이다. 투자에 실패하면 단순히 돈을 잃는 게 아니다. 머물 집마저 사라지게 된다. 제일 위험한 상황은 대출로 마련한 돈이다. 투자에서 레버리지 개념이 필요할 때가 있으나, 그 영역은 일련의 투자 경력이 필요하다. 대출은 월급이나 월세 보증금과는 부담의 크기가 차원이 다르다. 투자의 경력이 쌓이고 자기만의 투자 철학이 확립되면 자신만의 방식에 맞춰서 투자금액을 정할 수 있다. 그전까지 투자는 여유자금으로 하는 게 옳다.

여유자금으로 투자를 해도 마음의 여유가 없는 사람도 있다. 투자가 자신에게 맞지 않는 옷인 것이다. 이런 사람들에게는 돈을 모으기 위한 수단으로 굳이 투자를 추천하지 않는다. 지출을 아끼고, 높은 이율의 예·적금을 찾고, 부업을 해서 돈을 벌 수도 있다. 이런 사람들에게는 무리한 투자보다는 부업으로 돈을 버는 행위가 더 나을 수 있다.

3. 공부

경험만으로 투자 철학이 확립되진 않는다. 실패만 계속된다면 그 철학은 세우지 않느니만 못하다. 이론이 적절하게 개입돼야 하고, 이를 위해선 꾸준한 투자 공부가 필요하다. 재테크 서적뿐 아니라 유튜브 영상 등 공부 자료들은 시중에 수없이 많다. 재료가 많아도 칼을 들어 썰고 볶지 않으면 요리는 완성되지 않는다. 주식을 한다면 기업의 간단한 재무제표 정도는 볼 줄 알아야 하며, 부동산을 한다면 입지 분석과 계약 절차 정도는 알아야 한다.

공부하지 않아도, 투자로 돈을 벌 수 있다. 하지만 공부를 하면 더 큰 돈을 벌 확률이 생긴다. 동시에 돈을 잃을 확률을 낮추기도 한다. 투자에는 등가교환 법칙이 존재한다. 돈을 벌고 싶으면, 반드시 벌고 싶은 만큼의 노력을 해야 한다.

투자자산 절세하는 법

투자자산은 기업의 정상적인 영업활동과는 무관하게 투자를 목적으로 보유하는 자산을 말한다. 투자자산은 크게 금융자산과 비금융자산(실물자산)으로 구분되는데 금융자산은 주식, 채권, 예금 등을 말하며, 비금융자산은 부동산, 금, 미술 작품 등을 말한다. 한국인의 자산 비율은 금융 2:비금융 8 정도로 여겨진다. 다른 나라와 비교해서 상대적으로 비금융자산의 비율이 높은 편이다.

이번 파트에서는 부동산과 함께 투자자산의 대표성을 띠는 주식의 세금과 절세에 관해 이야기해보려 한다. 주식 거래 시 관련 비용은 수수료와 세금으로 나뉘는데, 종종 신규 투자자 유치를 위해 증권사에서 내세우는 '평생 무료'는 세금이 아닌 수수료의 개념이다. 주식 관련 세금은 크게 거래세, 양도소득세, 배당소득세로 나뉜다.

거래세는 주식을 사고팔 때 발생하는 세금이다. 우리나라는 매도할 때만 세금을 매기는데 코스피, 코스닥 구분 없이 총 매도금액의 0.23%가 적용된다. 100만 원을 매도하면 약 2,300원이고, 2023년부터는 0.15%로 적용될 예정이다. 거래세는 증권사에서 원천징수한 후에 나머지 금액을 입금하므로 별도의 신고는 하지 않아도 된다.

양도소득세는 양도하며 발생한 이익에 부과하는 세금이다. 한 종목을 10,000원에 매수 후 11,000원에 매도했다면 차액인 1,000원에 대한 세금을 부과하는 것이다. 만약 주가가 내려가서 손해 본 상태로 팔았다면 세금을 매기지 않는다. 양도소득세는 단일 종목당 10억 원 이상 또는 1% 이상의 지분율을 가진 대주주가 아니라면 적용되지 않는다.

배당소득세는 배당금에 대하여 부과하는 세금이다. 주식회사는 이익이 발생했을 때 주주에게 이익을 나눠주며, 이를 배당금이라고 부른다. 배당금은 소득세 14%+지방소득세 1.4%를 더해 총 15.4%가 부과된다. 배당금이 2천만 원을 초과하면 종합과세의 영역에 속하여 종합소득세를 신고해야 한다. 만약 5천만 원의 근로소득과 2천만 원의 배당소득이라면 7천만 원의 종합소득세를 신고해야 하는 것이다. 즉, 소득금액 기준 4,600~8,800만 원 이하 세율 24%+지방소득세 2.4%를 더해 26.4%의 세금을 내야 한다.

이 밖에도 이자소득에 붙는 세금인 이자소득세가 있다. 소득세 14%+지방교육세 1.4%가 더해서 15.4%의 세금이 부과된다.

1,200만 원 이하	6%
1,200만 원 초과~4,600만 원 이하	15%
4,600만 원 초과~8,800만 원 이하	24%
8,800만 원 초과~1.5억 원 이하	35%
1.5억 원 초과~3억 원 이하	38%
3억원 초과~5억 원 이하	40%
5억 원 초과	42%

〈종합소득세 소득별 세율 구간표〉

해외주식과 국내주식의 세금 차이

해외주식은 국내 주식보다 세금의 개념이 더 중요하다. 대표적인 해외주식으로 이야기하는 미국 주식을 예로 들어보자. 미국의 거래세는 매수, 매도 시에 모두 적용된다. 대신 세율은 거의 무의미할 정도로 낮다고 보면 된다. 배당소득세도 15%로 한국과 비슷하다. 한국과 미국의 가장 큰 차이는 양도소득세다. 자산 규모가 큰 사람에게만 적용되는 우리나라와는 달리 미국은 소액을 투자하는 사람에게도 양도소득세가 적용된다. 1년 동안 발생한 이익과 손실을 합산했을 때 250만 원까지는 비과세로 적용하지만, 그 금액을 넘는다면 양도소득세 20%+지방소득세 2%로 총 22%의 세금이 발생된다. 1,000만 원의 연간 수익이 발생했다면 양도소득세만 무려 220만 원 가량인 것이다. 양도소득세는 직접 국세청을 통해 신고해야 하며, 신고기간은 다음 해 5월 1일~31일이다.

구분	국내주식	해외주식(미국)
거래세	0.23% (농특세 0.15%+증권거래세 0.8%)	0.0021%
배당소득세	15.4% (배당소득세 14%+지방소득세 1.4%)	15%
양도소득세	개별주식 10억 이상 또는 1% 이상의 지분율 시 적용	손실과 이익 합산 후 연간 250만 원까지 공제, 이후에는 22%

2023년부터는 국내 주식 및 펀드에 금융투자소득세라는 이름이 부여될 예정이다. 주식 보유액이나 지분율에 상관없이 주식을 사고팔아 얻은 이익이 연간 5,000만 원을 넘으면 소득세 부과 대상으로 보는 것이다. 양도소득 3억 원 이하는 20%, 3억 원 초과는 25%다. 만약 양도소득으로 3억이 생겼다면 기본공제액 5,000만 원을 제외한 2억 5천만 원에 대한 세율 20%를 적용하면 세금은 5,000만 원이 된다. 국내 주식 및 펀드 외 상품은 기타금융투자소득세로 통합 진행된다. 기본 공제는 연 250만 원까지이며, 250만 원 초과 수익은 기존보다 2% 낮아진 20%가 부과된다.

부동산과 관련된 세금은 취득세, 양도소득세 등이 있다. 단, 주식이나 다른 투자자산에 비해 부동산 관련 세금은 변동성이 잦아 이 파트에서는 별도로 기재하지 않았다.

투자자산 절세하는 법

투자자산을 절세하는 방법은 크게 두 가지로 나눌 수 있다.

1. 소득 단위 나누기

대부분 세금은 누진세율을 적용한다. 많이 벌수록 세금을 많이 내는 것이다. 그래서 같은 해에 발생한 소득액이라도 금액을 나눌 수 있다면 나누면 좋다. 해외 주식의 경우를 예로 들면, 미국은 연간 이익과 손실의 합산이 250만 원을 넘으면 양도소득세 22%가 적용된다. 만약 A 종목의 이익이 1,000만 원이라면 매해 250만 원 이하의 수익만 실현하면 비과세가 적용되는 것이다. 또한, 손해 보는 B 종목이 있다면 A의 이익과 B의 손실 합산이 250만 원을 넘지 않게 적용하여 매도하는 전략을 택할 수도 있다. 그리고 B 종목이 다시 올라갈 수 있다는 판단이 들면 아낀 양도소득세만큼 재매입을 시도할 수도 있다. 금융 소득은 2,000만 원이 넘으면 종합소득세에 적용되므로 배당뿐 아니라 각종 금융상품의 모든 이자를 확인할 필요가 있다.

2023년도에 시행되는 금융투자소득세를 적용해보자. 이 법안에는 금융투자이월결손금이라고 하여 이익과 손실을 최대 5년까지 이월할 수 있게 해두었는데 이 점을 잘 활용하면 좋다. 예를 들어 2023년에 5,000만 원의 손해를 보고, 5년 뒤에 1억 원의 이익이 난다면 양도소득세는 0원이 될 수 있다. 5년 전 5,000만 원의 손해를 상계 처리한 후 기본공제 5,000만 원을 적용하기 때문이다.

부동산은 부동산 공시가격이 오르면 자연스럽게 재산세도 오르는데, 재산세는 7월과 9월, 1년에 총 2번 납부하며, 과세기준일은 6월 1일이다. 재산의 소유권 변동 시에 6월 1일은 피해야 한다. 주택을 매도한다면 잔금일을 5월 31일 이전으로, 매수한다면 6월 2일 이후로 하는 형태다. 참고로 주택연금에 가입하면 재산세의 25%를 감면받는다.

2. 비과세 및 절세 상품 찾기

주식과 부동산만이 투자자산은 아니다. 절세 혜택을 제공하는 금융 상품을 찾아서 절세하면 되는데 대표적인 세액공제 상품으로 연금저축과 퇴직연금을 들 수 있으며, 분리과세와 과세이연 혜택을 받는다. 분리과세는 이익에 대한 세금을 종합소득과 분리하여 과세하며, 과세이연은 자산을 팔 때까지 세금 납부를 연기해주는 제도다. 최근 ISA(개인종합자산관리계좌)와 IRP(개인형 퇴직연금)도 비과세 및 분리과세 혜택이 대폭 강화되었다. 이 밖에도 비과세 혜택이 가능한 저축성 보험과 이자소득세 우대를 받을 수 있는 제2금융권의 예·적금도 있다.

단, 세금 감면을 목적으로 하는 금융상품은 대부분 가입 기간이 길거나 가입 조건이 복잡한 편이다. 만기를 채우지 못하고 해약하면 비과세 혜택이 사라진다. 가끔은 환급받은 세금까지 다시 돌려줘야 할 때도 있으니 가입 시 세부사항을 잘 확인해야 한다. 가장 좋은 절세 방법은 성실하게 세금을 신고하고 납부하는 것임을 늘 명심해야 한다.

투자의 꽃, ETF 바로알기

일정 기간의 투자 경험이 있는 사람이라면 각자가 선호하는 투자방식이 있다. 일반적으로 예·적금, 주식, 펀드, 부동산 중 하나로 시작하지만, 각자만의 투자방식을 찾아 떠나게 된다. 자기만의 투자방식을 선택하는 데는 대부분 수익과 깊은 연관성을 가진다. 자신이 선택한 투자방식으로 수익이 많이 발생했다면 그 방식에 더욱 깊게 빠져들고, 반대로 손해가 많이 발생했다면 그 방식은 쳐다보지도 않으려한다. 수익과 상관없이 편의성에 많은 점수를 주는 사람도 있다. 주식이나 부동산으로 수익을 올려도 꽤 많은 시간과 에너지가 투입되어야 하기 때문이다. 내 주변에서는 매번 공부하는 게 귀찮아서 주식과 부동산을 그만둔 사람도 있다. 그들은 오히려 단기간의 수익이 덜 되더라도 금이나 달러처럼 한 번 투자하면 크게 신경 쓰지 않는 방식을 선호한다.

나는 부업을 비롯해 재테크에 깊은 관심을 가지면서 그동안 안 해본 투자가 거의 없다. 수익과 손해를 떠나 다양한 투자방식을 직접 경험함으로써 투자의 옥석을 가리는 눈을 기르려고 노력했다. 투자를 하루 이틀만 하고 그만둘 게 아니라면 이 과정은 꼭 필요하다고 본다. 그래서인지 주변에서 종종 내게 어떤 투자를 해야 하는지 묻곤 하는데, 그때마다 내가 늘 추천하는 한 가지 투자방식이 있다. 바로 ETF다.

개별 주식 종목을 초보 투자자에게 권하지 않는 이유

나는 초보 투자자들에게 카카오톡에 올라온 수많은 주식 리딩방은 쳐다도 보지 말고, 개별 종목에 투자하지도 말라고 권한다. 우선 리딩 방은 신뢰도가 떨어지는 경우가 많고, 신뢰도가 높다하더라도, 10번 중 8번의 수익보다 2번의 손실로 원금까지 잃어버릴 수 있다. 또, 개별 종목은 초보 투자자가 감당하기에는 변동성이 너무 크다. 만약 당신이 열심히 일해서 마련한 천 만 원의 종잣돈을 특정 개별 종목에 투자했는데, 어느 날 주가가 엄청 많이 떨어져서, 몇 백만 원이 사라졌다고 상상해보자. 그럼에도 그 변동성을 견디고, 미래에 대한 낙관으로 그 주식을 안 팔고 견딜 수 있을 것인가? 만약 안 판다고 하더라도, 실제로 그 주식이 더 오를지, 내릴지는 모를 일이다. [국내 주식]은 [미국 주식]과 달리, 절대 이론대로 움직이지 않는다. 아무리 영업이익과 매출이 높고 탄탄한 기업이라 하더라도, 주식 투자자들에게 홍보가 되어있지 않아, 투자 심리를 자극하지 않는다면, 매수세가 생각보다 붙지 않아, 주가가 침체되어 있는 경우가 많기 때문이다. 몇몇 경제 관련 블로거나, 유튜버, 전문가가 추천해서 유망한 기업이라고 샀는데, 그때가 가장 주식이 비싼 시기여서, 눈물을 흘리며 손해를 보고 판 경험이 있을 것이다. 투자 초보자들은 '개별 종목'의 변동성과 이론과 상관없이 매수 심리로 움직이는 '국내 주식'장에 멘털 유지가 쉽지 않기에, 처음 주식 투자를 시작한다면 미국 우량지수를 추종하는 ETF를 추천한다.

ETF 추천상품 2가지

ETF_{Exchange Traded Fund}는 인덱스펀드를 거래소에 상장시켜 주식처럼 편리하게 거래하도록 만든 금융상품이다. 일반 펀드보다 수수료가 저렴하며, 거래가 편리하다. 뿐만 아니라, ETF는 시장 전체를 비롯해 특정 테마의 여러 기업에 투자가 가능하다. ETF는 일반적으로 기초지수를 따라가도록 설계되어 있다. 즉, 코스피 지수가 오르면 코스피 지수 관련 ETF가 오르고, 나스닥 지수가 떨어지면 관련 ETF가 내리는 구조다. 앞서 계속 언급했지만, 종잣돈을 마련하고 싶다면 예·적금과 더불어 ETF를 추천한다. 특히, 국내 ETF보다 해외 ETF를 추천한다. 국내 ETF보다 안정성이 있으면서도 더 나은 수익률을 불러올 수 있다.

그런데 하나의 ETF는 단일 종목이 아닌 최소 십여 개의 종목이 복합적으로 이루어져 있다. 각각의 기업을 분석하여 ETF 상품을 선택하는 것도 좋은 방법이지만, 현실적으로 시간과 에너지가 너무 많이 들어간다. 차라리 ETF 관련 대표 상품을 손에 쥐고 가는 게 수익적으로나 심적으로나 좋은 선택이다. 그런 의미에서 추천하고 싶은 ETF 상품은 2가지다.

1. S&P500지수 추종 ETF

S&P500 지수는 미국 뉴욕증권거래소와 나스닥에 상장된 미국 500대 기업의 시가 총액 기준 주가지수다. 세계 3대 신용평가 기관 중 하나인 스탠더드 앤 푸어스Standard & Poor's에서 앞의 두 글자를 땄다. S&P500지수는 업종별 비중이 고른 편으로 시장 전체의 흐름을 파악하기 쉽다. S&P500 지수 관련 대표적인 ETF 상품으로는 SPY ETF를 들 수 있다. 리스크를 동반하는 투자 중에서도 상대적으로 안전 자산에 속한다. 만약 SPY ETF의 주당 가격이 부담스럽다면, 그보다 저렴한 VOO ETF도 대안이 될 수 있다.

S&P500지수 추종 ETF는 지난 2013년 버크셔 해서웨이 주주 총회에서 워런 버핏이 자신의 유서에 "내가 갑자기 죽는다면 아내에게 남겨진 돈은 국채 매입에 10%를 투자하고, 나머지 90%는 전부 S&P500 인덱스펀드에 넣어라."라는 내용이 담겼음이 밝혀지면서 더욱 유명해졌다. 이후에도 워런 버핏은 개별 주식보다 S&P500 인덱스펀드를 권장했다. 투자의 귀재로 불리는 워런 버핏이 이토록 S&P500 인덱스펀드를 강조한 데는 바로 수익률과 안정성에 있다.

S&P500지수 추종 ETF는 1993년부터 지금까지 매년 9.5% 전후의 수익률을 발생시키고 있다. 코로나 시대에서는 무려 연평균 약 35%에 달하는 경이로운 수익을 보였다. 최근 10년 수익률로 한다면 약 241%다. 매년 조금씩의 하락을 겪긴 했지만, 결국 우상향의 성장을 이루는 것이다. 최근에 핫한 비트코인, 테슬라 등의 수익률에는 비할 바가 못 되지만, 이처럼 수익률과 안정성을 동시에 가져다주는 투자 상품은 그다지 많지 않다.

2. DIA ETF

다우존스 지수를 추종하는 ETF의 대표적인 상품이다. S&P500 지수를 대표하는 SPY ETF, 나스닥 지수를 대표하는 QQQ ETF와 더불어 3대 ETF 상품으로 불린다. 다우존스 지수는 미국 시장을 대표하는 운송과 유틸리티 산업을 제외한 나머지 산업을 대표하는 대형주 30개로 구성되어 있다. DIA ETF도 연평균 수익률이 13%에 달하며, 최근 10년 수익률은 약 225%에 이른다. 그런데 DIA ETF는 종목 수가 30개에 불과하여 현시점의 시장 동향을 파악하기 어렵다. 또한, 35조 원에 달하는 운용 자산을 꾸리지만, SPY ETF보다 시가총액, 거래량, 거래대금 모두 규모가 작다. 그럼에도 추천하는 이유는 바로 배당금 때문이다.

배당은 회사가 벌어들인 이익을 투자자들과 나누어 가지는 것이다. 이때 한 주당 받게 되는 배당금을 주당 배당금이라고 한다. 일반적으로 배당을 준다는 건 수익에 자신이 있거나, 주주 친화적이라는 의미다. S&P500 추종 지수 ETF도 분기별로 배당을 준다. 일반적으로 분기별로 배당을 준다는 건 엄청난 자신감이다. 국내 주식 중에 삼성전자보다 배당률이 높은 기업이 있음에도, 대부분 배당금 회사로 삼성을 꼽는 데는 분기 배당주라는 점이 크게 작용한다. 그런데 DIA ETF는 무려 매달 배당금을 지급한다.

2021년 9월 기준 1주당 연배당금이 5.549달러다. 원화로 약 6,500원인 것이다. 만약에 한 달에 DIA ETF 2개씩만 매수해도 1년에 24개이니 총 156,000원의 배당금이 발생한다. 물론, 매수량이 늘거나 주당배당금이 증가하면 총 배당금은 증가한다. 10년간 꾸준히 매주 1주씩 DIA ETF를 매수하면, 부업을 하지 않더라도 월 30만 원 가량의 자동 수익 파이프라인이 구축될 수 있다.

매달 배당금의 효능은 단순히 수익에만 그치지 않는다. SPY ETF, QQQ ETF, DIA ETF는 매도하지 않고 그냥 놔두기만 하면 시간이 지날수록 시세 차익으로 인한 수익이 발생할 확률이 높다. 특히 DIA ETF가 장기 투자에 좋은 이유는 다우지수에 포함된 초기 30개 기업 중 100년이 넘는 동안 살아남은 기업이 단 한 군데도 없다는 것이다. 철저한 성과주의로 종목이 구성되는 만큼 기업 실적이 좋지 않으면 다우지수에서 살아남질 못한다. 다우지수에서 빠진 기업 자리에는 다른 우수한 기업이 편입되어 지수 성장을 유인한다.

이렇듯 장점이 많은 DIA ETF라면, 안 팔고 꾸준히만 모아 나가면 좋을 텐데, 사람 마음이란 게 결코 그러질 못한다. 삼성전자 주식을 10년 동안 가만 뒀두었으면 700%에 가까운 수익률을 기록했을 텐데, 대부분의 사람들이 그만큼의 수익을 경험하지 못한 것도 같은 이유다. 왜냐하면, 사람들의 심리가 조금의 수익이 발생해도 팔고 싶어 하고, 조금의 손해가 나도 팔고 싶어 하기 때문이다. 자산가들이 장기 투자를 권함에도 장기 투자가 어려운 이유다. 바로 그 장기투자의 어려움을 DIA ETF는 해결해준다. 가지고만 있으면 매달 당장 손에 들어오는 수익이 보이는 것이다. 자연스럽게 장기투자의 영역으로 접어들어, 시간이 흐른 후 더 많은 수익을 손에 쥘 수 있다.

해외 ETF 매수하는 방법

해외 ETF를 사려면 증권사 계좌 개설을 해야 한다. 거래수수료와 환율 우대를 비교하여 증권사를 선택하면 된다. 계좌 개설 후 증권사 어플에서 [해외주식 거래]를 신청하면 해외 ETF를 살 수 있다. 해외 ETF를 사려면 달러를 환전해야 하는데, 증권사 어플로 원화를 보낸 후, '환전 신청'을 하면 된다. 단, 환전은 증권사 근무 시간 때만 가능하다. 만약에 환전하는 게 귀찮다면, [원화거래 신청]을 해서, 원화로 직접 해외 ETF를 매수할 수도 있다.

아무 때나 해외 ETF를 매매할 수는 없는데, 미국 거래소의 한국(기준) 개장 시간은 오후 11시 30분에서 다음 날 아침 6시까지다. 그런데 3월~11월 초까지는 서머타임 제도가 적용되어 기존보다 1시간씩 당겨진다. 즉, 오후 10시 30분 ~ 아침 5시까지 해외 ETF 매수가 가능하다는 것이다.

　더 중요한 건 국내 증권사 어플의 경우, 유료 서비스 가입을 안 하면, 해외 ETF를 매매할 때, 15분 지연된 시세를 표시한다. 잘못하면 시세보다 비싼 가격에 ETF를 사게 된다. 이럴 때, 무료로 해결하는 방법은 CNBC 어플을 설치하거나, investing.com에 들어가서 실시간으로 해외 ETF의 현재 가격을 확인 후, 증권사 어플에서 구매하면 실시간 시세로 매수할 수 있다.

　해외 ETF는 매일 매수할 필요는 없고, 장이 열리는 시간에 들어가서, 최근 일주일, 한 달, 1년의 그래프를 확인 후, 오늘의 가격이 저렴하다고 판단하면 ETF 주문을 통해, 매수하면 된다.

　ETF도 투자 자산인 만큼 원금 손실의 개념이 적용된다. 팬데믹이 발생했을 때처럼, 국내외 모든 지수가 급격한 하락을 맞을 때는 손실을 감수할 수밖에 없다. 또한, 해외주식과 마찬가지로 양도소득세가 발생한다. 분명, 미국 우량지수를 추종하는 ETF는 좋은 투자방식이지만, 대출이나 빚을 내서 하지 말고 여유자금으로 해야 한다. 마땅한 여유자금이 없다면 기존의 지출을 줄이고 절약하여 만든 돈으로 조금씩 투자하는 걸 권장한다.

미국 우량지수 추종 ETF 매수를 위한 좋은 습관

당신이 미국 우량지수를 추종 ETF(DIA, SPY, QQQ)를 매수했다면, 증권사 어플을 자주 들어갈 필요가 없다. 매일 밤 자정쯤 N포털 검색창에 [뉴욕증시]라고 검색하면, 다우존스(DIA ETF), S&P500(SPY 또는 VOO ETF), 나스닥100(QQQ ETF)이 오늘이 상승장인지, 하락장인지, 보합장인지 기사로 알려준다. 만약, 상승장이나, 보합장이면 증권사 어플에 아예 접속할 필요가 없고, '하락장'인데 당신이 매수할 여유 자금이 있다면, 그때 접속하면 된다. 해당 ETF의 가격이 조금 하락했다고 성급히 매수하지 말고, 최근 100일 대비 가장 가격이 내려간 저점이라 판단되면, 과감하게 매수해도 좋다. 당장은 주가가 출렁이겠지만, 미국 3대 지수는 개별 기업들의 편입과 퇴출을 반복하기 때문에, 결국 시간이 지나면 가격이 우상향 한다. 조급함을 버리고 시간을 견딜 수 있는 인내가 있다면, 미국 우량지수 추종 ETF 투자는 예·적금과는 비교도 안될 정도의 수익을 당신에게 안겨줄 것이다.

2부

절약왕 정약용이 소개하는
부업 18가지

1

우리가 부업을
해야 하는 이유

우리가 부업을 해야 하는 이유는 명백하게도 더 많은 돈을 벌기 위해서다. 월급 외에 더 벌 수 있는 돈이 단 1만 원일지라도 말이다. 그렇지 않고서야 퇴근 후 피곤한 몸을 이끌고 소파에 드러누워 TV를 보는 게 아닌, 일정의 시간과 노력을 들여야 하는 부업을 굳이 하진 않을 것이다. 사람이 하루에 쏟을 수 있는 에너지는 한정되어 있으니 말이다. 만약, 다니는 회사에서 연봉이 큰 폭으로 증가하거나, 투자로 엄청난 수익을 올리는 사람이라면 부업을 할 필요는 없을 것이다. 돈에 욕심이 없다면 더욱더 그렇다. 세상에는 부업보다 재밌는 것이 훨씬 많으니까. 그러나 그렇게 되기란 쉽지 않음을 대부분 알기에, 우리는 퇴근 후 부업을 선택한다. 만약 월급보다 많은 돈이 필요한 사람이라면 더욱더 부업에 집중해야 할 필요가 있다.

비록, 푼돈일지라도 부업을 하면 수입이 증가한다는 건 대부분 알고 있는 사실이다. 그럼에도 사람들이 부업을 잘 하지 않는 이유는 크게 2가지다. 첫째는 무엇을 해야 할지 몰라서이고, 둘째는 직장 바

끝에서의 여가 시간이 한정되어 있기 때문이다.

세상에는 이미 너무나 많은 부업이 있다. 그럼에도 많은 사람들이 부업을 어떻게 시작할지 잘 모르겠다고 말한다. 아는 부업이라고 해봐야 시급을 받는 아르바이트 형태와 블로그 작성 정도다.

우리에게 주어진 여가 시간이 한정적인 것도 부업을 하지 않는 큰 이유 중 하나다. 직장인이라면 퇴근 후 부업에 사용할 수 있는 시간이 5시간도 채 되지 않는다. 만약 야근, 회식 등이 잡히는 날이면 그마저도 불가능하다. 그렇다고 주말에 다른 활동을 제외한 채, 부업만 할 수도 없다. 평일에 하지 못했던 데이트나 약속을 주말에 쓰는 경우가 많기 때문이다. 또한, 평일에 직장 일로 쌓인 피로를 풀기 위해, 주말에는 어느 정도 쉬는 것도 중요하다. 월요일이면 다시 출근해야 하기 때문이다. 쉬지 않고, 주말에도 부업을 한다고 자신을 혹사시키면, 아마 길지 않은 시간 내에 번아웃으로 지쳐 쓰러져버릴 것이다. 이렇게 제한적인 상황 속에서, 우리는 어떤 부업을 해야 할까? 그리고 어떻게 하면 더 효율적으로 부업을 할 수 있을까?

부업의 3가지 형태

1. 몸빵형 부업

부업에는 크게 세 가지 형태가 있다. 그중 첫 번째가 몸빵형 부업이다. 말 그대로 자신의 시간과 노동력을 이용해서 수입을 얻는 방식이다. 과거 10~20년 전에 '부업'이라 불리는 것들은 대부분 여기에 속했다. 현재도 시급의 개념이 적용되는 일이라면, 이 부업 방식에 속한다. 몸빵형 부업은 일한 만큼 즉시 돈을 손에 쥘 수 있다는 이점이 있다. 만약, 자신의 전문성과 관련된 일이라면 더 많은 금액을 벌 수도 있을 것이다. 대신 자기 노동력이 끊기면 수입도 바로 끊긴다. 몸이 좋지 않아 병원에 있으면, 단 한 푼도 통장에 들어오지 않는다. 게다가 한정된 시간의 특성상 '일하는 시간'을 초월해서, 그 이상의 많은 돈을 벌기란 불가능하다. 현재 다니는 직장의 월급만큼이라도 벌기 위해선, 월급을 받기 위해 투여하는 시간보다 더 많은 시간을 들여야 한다. 현실적으로 매우 어렵다.

2. 자동형 부업

두 번째는 자동형 부업이다. 부업으로 많은 돈을 벌고 싶거나, 효율적인 부업을 진행하고 싶다면 전략과 시스템이 반드시 필요하다. 시급으로 돈을 받는 몸빵형 부업은 벌 수 있는 금액과 사용 가능한 시간, 체력 등의 뚜렷한 한계가 존재한다. 하지만 자동화된 효율적인 부업은 일하는 시간을 초월하여 돈을 더 버는 게 가능하다. 자동형 부업은 일하지 않아도, 시스템만 구축해놓으면 자동으로 돈이 들어온다. 하지만 처음에는 다른 부업보다 시스템을 구축하기 위해, 훨씬 더 많은 시간과 노력이 필요할 수 있다. 또, 일정 단계에 도달하기까지 시급은 물론이고, 아예 돈을 못 벌수도 있다. 그러나 자동 시스템이 안정화되면, 처음의 노동 시간만큼 시간을 투자하지 않아도 수익이 발생한다. 병원에 누워있어도, 잠을 자는 동안에도 통장에 돈이 들어오는 것이다. 대표적으로 전자책 PDF 판매나, 책을 통한 인세, 녹화된 온라인

동영상 강의 등을 들 수 있다.

3. 반자동형 부업

세 번째는 반자동형 부업이다. 아무리 좋은 것이라도, 세상에 단점이 하나도 없는 것은 거의 존재하지 않는다. 자동형 부업이 일하지 않아도 돈이 자라나는 나무라고 하더라도 엄연히 단점은 존재한다. 초보자의 경우, 돈이 자라나는 나무에 물과 영양분을 주다가 스스로 지쳐 그만두는 경우가 많은데, 그 이유는 자신이 초기에 투자한 시간 대비 돈을 전혀 벌지 못할 수도 있기 때문이다. 하지만 반자동형 부업은 몸빵형과 자동형의 장단점이 결합된 형태다. 겉으로는 자동형 부업처럼 보이지만, 일정 시간 이상의 노력이 투입되어야 한다. 최근 많은 사람들이 하는 스마트스토어, 유튜브 등이 대표적인 반자동형 부업이다.

그럼에도 우리가 궁극적으로 지향해야 하는 것은 자동형 부업이다. 특히 시간에 제약이 많은 직장인이라면 더욱 이 부분이 중요하다. 퇴근 후 집에 돌아와 소파에 누워 TV를 보거나, 잠을 자는 순간에도, 내 통장에 일정 이상의 수입이 들어온다.

하지만 문제는 자동형 부업 시스템을 구축하기가 여간해서는 쉽지 않다는 것이다. 자동 시스템을 구축하는 초기에는 스스로 투자한 시간 대비 돈이 전혀 되지 않는다. 돈이 안 된다는 건, 부업의 의지를 명백히 꺾어버리는 행위다. 거기에다 수익을 지속적으로 내려면, 한 가지 분야에 대한 최소한의 전문성도 필요하다.

그래서 처음에는 몸빵형 부업과 반자동형 부업을 병행하면서 자동형 부업 시스템을 구축하는 게 좋다. 순서는 '몸빵형 부업'을 먼저 하되, 반자동형 부업으로 수익이 나면 몸빵형 부업을 그만 두어야 한다. 퇴근 후, 우리에게 주어진 시간과 체력은 한계가 존재하기 때문이다. 차후에 자동형 부업으로 수입이 나면, 반자동형 부업도 조금씩 줄여나가면 된다.

그렇다면 자동형 부업 시스템을 구축하려면 어떻게 해야 할까? 이 부분에 대해 좀 더 자세히 살펴보도록 하자.

자동형시스템 만들기

1. 복제하기

시간은 인위적으로 늘릴 수 있는 대상이 아니다. 사람에겐 누구나 공평하게 24시간이 주어진다. 그러나 비록 시간을 늘리진 못하더라도, 기술이 발달된 현대 사회에서 '나'라는 존재를 늘릴 수는 있다. 부업에 똑같은 1시간을 사용함에도 늘어난 '나'의 수만큼 더 많은 소득을 얻을 수 있는 것이다. 판타지나 무협 소설에나 나올 것 같은 허무맹랑한 이야기로 들릴 수 있지만, 이는 사실이다. 나를 복제한다는 건 지금 우리에게 주어진 현실에서도 충분히 가능하다. 예를 들어, 지금 이 책을 보는 여러분은 나를 직접 만나서 실시간으로 이야기 하고 있는 것이 아니다. '글'로 복제된 나의 생각을 읽고 있는 것이다.

자기 자신을 복제하는 방법에는 크게 3가지가 있다. 이 3가지는 글, 이미지, 영상이다. 문제는 이미지와 영상은 어느 정도의 전문성이 필요하다는 것이다. 시각적 디자인과 영상 작업을 해보지 않은 사람이라면 시작할 엄두조차 나지 않는다. 대신 우리에게는 누구나 쓸 수 있는 글이 있다. 글도 이미지나 영상만큼 전문성이 필요하지만, 상대적으로 그나마 쉽게 접근할 수 있는 영역이다.

당연히 처음부터 베스트셀러 작가처럼 책을 쓰기란 불가능하지만, 블로그, 티스토리, 브런치 등 SNS를 무료로 개설하여 포스팅을 하는 건 누구나 가능하다. 단순히 온라인을 통해 정보를 타인에게 무료로 전달하는 것뿐 아니라, 이후 PDF 전자책을 만들어서 유료로 판매할 수도 있으며, 출판사와 제휴하여 단행본까지 출간할 수 있다. 인세라는 최고의 자동형 수익이 완성되는 과정이다.

2. 몸값 올리기

몸값이란 흔히 연예인들이나 직장인 연봉 개념에만 있다고 여기지만, 부업에도 몸값은 엄연히 존재한다. 앞서 나를 복제해서 만든 글, 이미지, 영상 결과물이 쌓여, 여러 사람에게 인지도가 생기면 우리는 강의를 할 수 있다. 그런데 비슷한 주제로 똑같은 시간을 들이는데, 다른 사람과 시간당 수익의 차이가 나는 것은 결국 몸값의 가치가 다르다는 것과 같다. 이처럼 한정된 시간 내에 많은 수입을 얻기 위해서는 자신의 몸값을 올려야 한다. 블로그, 브런치 등 온라인에 적었던 글이 전자책, 단행본으로 세상에 나올수록 개인의 몸값은 서서히 올라간다.

'나'를 아는 사람들이 많아질수록 세상은 더욱 '나'라는 브랜드를 원하게 된다. 시장 경제 논리에서 브랜드 가치 상승은 소득의 증가와 비례한다. 과거에는 10시간을 일해서 10만 원을 벌었다면, 몸값이 오르면 1시간만 일해도 같은 금액 혹은 그 이상을 벌 수 있다. 시대가 변하면서 단순히 오프라인 강의만 하는 게 아니다. ZOOM과 같은 온라인 강의 도구와 방법들이 증가하면서 LIVE를 통해 비대면으로 강의할 수도 있다. 또한, 클래스101, 탈잉 등 미리 녹화된 강의 커리큘럼을 잘 세팅하면 자동으로 정산되는 수익이 발생할 수도 있다. 주식에서 일정 시기별로 배당을 받는 것과 같은 개념이다. '나'라는 브랜드를 구축해서 얻은 수익이기에, 주식 투자처럼 리스크가 발생하지도 않는다.

3. 팔 수 있는 것을 찾아내기

자신을 복제하고, 자신의 몸값을 올리기 위해서는 결국 무언가를 판매해야 한다. 이 때 자신만의 아이템을 찾는 게 중요하다. 많은 이론가와 강사들은 '시장'에 무언가를 판매할 때, 자신이 제일 좋아하는 카테고리의 아이템을 판매하라고 강조한다. 그런데 대부분의 사람들에게 자신이 좋아하는 아이템은 그저 취미에 가깝다. 아무리 좋아하는 분야라도 취미가 일로 바뀌게 되면, 점점 흥미가 떨어지게 마련이다. 그러므로 일과 취미를 정확하게 분리하는 게 부업을 장기적으로 하는 데 있어서 가장 중요하다. 오히려 자신이 할 수 있는 영역 안에서 시장 조사를 진행한 후, 사람들이 많이 찾는 분야에 집중하여 아이템을 활성화시키는 것이 유리하다. 또, 팔고자 하는 아이템을 정할 때, 블루오션이라고 무조건 좋은 게 아니다. 남들이 그 아이템을 안

하는 데는 대부분 이유가 있다. 물고기가 어떤 물에 살지 않을 때는 분명히 뭔가가 있는 것과 같다. 사실은 블루오션처럼 경쟁자가 적은 아이템처럼 보이지만, 물고기가 살지 못하는 죽어있는 바다(데드 오션)여서 인기가 없고, 사람들이 하지 않을 확률이 높다. 반대로 이미 많은 사람이 하고 있는 레드오션일지라도 차별화된 요소만 있다면 충분히 생존하고 성장할 수 있다.

만약 자기 자신이 할 수 있는 리스트 중에 소비자가 원하는 것이 없다고 판단된다면 시간과 돈을 들여서라도 배워야 한다. 돈은 가만히 있는 자에게 저절로 주어지지 않는다. 무엇이든 배우고 행동하려는 사람에게 적은 돈이라도 따라온다. 돈을 벌기 위한 배움이 귀찮다면, 부업은 오히려 시간 낭비에 가까울 수 있음을 명심해야 한다.

2

퇴근 후 하기 좋은
부업 5가지

이번에 소개할 부업들은 부업을 통해 지금 받는 월급 혹은 그 이상의 돈을 벌고 싶은 사람들에게 추천하는 방법이다. 그렇다고 직장에 소진하는 시간만큼 부업에 시간을 들이지 않아도 된다. 하루에 9시간의 근무를 마치고 또다시 9시간의 부업을 한다면 우리 삶에서 남는 건 병원진단서와 약봉지뿐일 것이다. 퇴근 후 평일 저녁에 3~4시간 혹은 주말에 일정 시간을 들이면 된다. 물론, 몸이 조금 피곤하겠지만, 그 시간만으로 큰 돈을 벌 수 있다면 시작하지 않을 이유는 없다. 우리가 부업을 하는 가장 중요한 이유는 돈을 벌기 위함이기 때문이다. 이번에 소개할 부업의 종류는 크게 5가지로 몸빵형 2가지, 반자동형 2가지, 자동형 1가지이다.

1. 펫시터와 결혼식 하객 아르바이트

반려동물 양육인구가 계속 증가하고 있다. 2020년 한국농촌경제연구원 조사에 따르면 우리나라의 반려동물 양육인구는 약 1,500만 명으로 4가구 중 1가구가 반려동물과 함께 지내고 있다고 한다. 그만큼 반려동물과 관련된 일의 수요와 공급도 증가하고 있다. 그 중에서도 펫시터는 수요가 꾸준히 증가하고 있다. 반려동물을 양육하는 사람이 회사 출장이나 여행 등 장시간 집을 비워야 할 때 반려동물을 돌봐줄 사람이 필요한데, 가족이나 친구에게 맡기기도 하지만, 이들은 돈을 일부 지급하더라도 전문가에게 맡기는 걸 선호한다.

펫시터는 별도의 자격증이 필요 없다. 대신 반려동물을 키워본 경험이 있거나, 반려동물과 함께 지낼 장소가 있으면 진행이 가능하다. 신청자의 요청에 따라 주 업무가 달라질 수는 있으나, 일반적으로 반려동물과 산책, 놀이, 돌봄 등이 주된 업무다. 반려동물의 정서적 안정을 우선으로 두는 것이다. 이들은 신청자가 반려동물의 상태를 걱정하지 않도록 중간마다 사진 혹은 영상을 찍어서 보내줘야 한다. 대표적인 펫시터 중개 사이트인 페팸, 도그메이트 등에서 신청하면 신청자와 매칭을 진행해준다. 대신 중개 플랫폼인 만큼 일부 수수료가 발생한다. 만약 수수료에 민감하다면 반려동물 카페에서 스스로 매칭할 수 있지만, 인건비가 저렴하게 책정되는 단점이 있다.

반려동물과 함께 지내본 적이 없다면 결혼식 하객 아르바이트를 추천한다. 일반적으로 하객 대행업체에 신청해서 진행되며, 횟수 개념으로 금액이 책정된다. 대부분 주말에 할 수 있다는 장점이 있다. 시간만 가능하다면 횟수의 제한도 없다. 업체에서는 결혼의 평균 연령대인 20대 후반에서 30대 중반까지를 선호하는 편이다. 현재는 코로나 시국으로 인해 수요가 많지 않지만, 코로나가 완화되면 다시 활황세를 띌 수 있는 부업이다.

2. 쿠팡 플렉스와 카카오 대리운전

부업할 수 있는 시간이 평일 저녁밖에 없는 사람에게 추천하는 일이다. 쿠팡 플렉스는 운전면허증이 있으며, 운전이 서투르지만 않다면 누구든 가능하다. 쿠팡에 정보를 입력 후 희망 물류 지역을 제출하고 원하는 배송 건수를 신청하면 된다. 쿠팡 배송 캠프에서 할당받은 물건을 실어서 고객에게 배송한 다음에 사진을 찍어서 배송을 인증하면 된다. 코로나19 영향으로 배송 물량이 넘쳐날 만큼 많으므로 수요는 아주 풍족한 편이다.

카카오 대리운전은 2종 보통, 1종 특수/보통/대형 운전면허 발급일로부터 만 1년이 지났다면 신청이 가능하다. 구글플레이에서 카카오 T 대리기사 어플을 다운받은 후 대리운전을 신청하면 된다. 카카오에서 20%의 수수료를 떼지만, 운이 좋다면 시간당 3만 원 이상의 수익을 받을 수도 있다. 경쟁이 치열하다 싶으면 '카카오대리 프로'에 가입하면 된다. 일정 돈을 더 주고 우선 대리 배정권을 받을 수 있다. 가입 후 신규 운행 1회 완료 시 즉시 2만 원을 지급하며, 추가로 일주일 내 3일간 3회 운행 완료 시 3만 원을 추가 지급한다.

3. 스마트스토어 활용한 해외 구매대행

부업에 관심을 두는 사람이라면 한 번쯤은 들어봤을 반자동형 부업이다. 쇼핑몰 형태의 부업으로 볼 수 있으나, 재고에 대한 부담이 적고, 리스크가 거의 없다. 수요로만 본다면 레드오션으로 볼 수도 있지만, 구매대행의 개념을 충분히 이해하고 나만의 차별화를 갖춘다면 충분히 수익을 발생시킬 수 있다. 나도 이 부업을 하고 있으며, 월 200

만 원 전후의 수익을 올리고 있다. 구매대행은 세금이 발생하기 때문에 세무서에서 통신판매업으로 사업자 등록을 신고해야 한다. 거주지가 군이면 12,000원, 일반 시는 22,500원, 인구 50만 명 이상의 도시라면 40,500원이 발생한다.

방식은 단순하다. 외국 사이트의 물건을 네이버 스마트스토어에 등록하여 판매하는 형태다. 예를 들어 중국의 아마존으로 불리는 타오바오 사이트www.taobao.com에 있는 물건 판매 페이지를 번역한 후 내 스마트스토어에 상품의 이미지와 가격을 올리는 방식이다. 이 때 이미지 저작권이 중요하기 때문에, 타오바오 판매자에게 메신저를 보내서, 해당 이미지를 사용할 수 있도록 허락을 맡는 과정도 필요하다. 만약, 외국어 소통이 어려워 허락 맡기가 어렵다면, 해당 상품을 실제로 1개 구매해서, 스스로 사진을 촬영해서 상세페이지를 만들어야 한다.

더 많은 사람들이 구매할 수 있는 상품을 찾으려면, 아이템 스카우트www.itemscout.io를 활용하면 된다. 상품 수, 월 검색 수, 검색 비율, 판매량 등 상품과 관련된 내역을 분석하여 홍보 방법을 구상할 수 있다. 월 광고비를 많이 투여하면 좋은 효과가 나오지만, 트렌드 분석을 잘 한다면 광고비 0원으로도 충분히 판매가 가능하다. 외국어에 자신이 없다고 해도 구글 번역기를 활용하면, 해외 사이트를 충분히 번역할 수 있다. 물건 등록 수가 일정 이상 되면 스마트스토어 어플을 활용해 관리하면 편리하다.

4. 네이버 블로그, 유튜브 운영

앞선 스마트스토어가 부업을 하는 사람들에게 대중화되었다면, 블로그와 유튜브는 부업에 관심 없는 사람에게조차 널리 알려져있다. 노력의 성과에 따라 부업에서 전업으로도 포지션을 옮기지만, 부업으로 안정화하는 방식도 충분히 고려해볼 만하다.

네이버 블로그는 광고노출 및 수익공유 서비스인 애드포스트를 활용할 수 있으나, 수익이 낮은 편이다. 수익 활성화를 위해서는 쿠팡 파트너스를 활용하면 좋은데, 쿠팡 파트너스에 가입 후 쿠팡에서 판매하는 물건의 링크를 내 블로그에 포스팅하면 된다. 누군가 자신이 입력한 링크를 통해 물건을 구매하면 3% 정도의 수수료가 지급된다. 다만, 네이버에서는 쿠팡 파트너스를 자주 홍보하는 블로그를 저품질로 지정하기도 한다. 저품질로 지정되면 검색 상단에 등록되지 않아서 홍보 효과 자체가 미흡해진다. 그래서, 쿠팡 파트너스 활용을 적극적으로 하려면 네이버보다는 티스토리 블로그를 추천한다. 티스토리는 네이버 검색 엔진에서 노출되기가 어려운 측면은 있지만, 쿠팡파트너스를 연동했을 시 저품질이 될 확률은 상대적으로 낮은 편이다.

네이버 블로그는 쿠팡 파트너스에는 불리하지만, 포스팅을 꾸준히 하면, 네이버 프리미엄 콘텐츠contents.premium.naver.com에 도전해 볼 수 있다. 네이버 프리미엄 콘텐츠는 콘텐츠를 유료로 판매할 수 있는 플랫폼으로 콘텐츠 생산에서 발행, 판매, 통계, 정산 등 콘텐츠 판매에 필요한 기능들을 제공하는 신규 서비스다. 소비자가 내 콘텐츠를 구독하면 매달 정기 결제가 이루어진다. 결제 금액은 스스로 설정할 수 있는데, 구독료 5,000원으로만 설정해도, 100명만 구독하면 50만 원이 입금되는 것이다. 물론, 서비스가 성장하면 네이버에서 어느 정도 수수료를 가져가겠지만, 그럼에도 어느 정도 글에 자신 있는 사람이라면 매력적인 부업이라고 볼 수 있다.

또한, 네이버 블로그를 꾸준히 연재하면, 이웃들이 많아지는데 [유료 카톡 소모임]을 만들어서 추가 수익을 낼 수 있다. 예를 들어, 운동 블로그 포스팅을 하는 사람이라면, [홈트레이닝 카톡 소모임]을 하면 되고, 경제에 관련된 블로그를 연재하는 사람이라면, [경제 공부 카톡 소모임]을 만들어 운영하면 된다. 그들에게 한 달간 할 과제를 주고, 꾸준히 할 수 있도록 관리를 해주면 되는데, 처음에는 참여한 사람들의 리뷰가 없기 때문에, '무료'로 운영하기를 추천한다. 해당 모임의 리뷰가 쌓이면, [유료 카톡 모임] 포스팅을 통해 공지를 해서 참가자들을 모집하고, [스마트스토어]를 사업자 없이 개인도 개설할 수 있기 때문에, 블로그 포스팅하듯이 스마트스토어에 해당 유료 모임을 결제할 수 있도록 상품을 업로드 하면 된다. 나중에 수익과 판매량이 증가하면, 사업자등록도 해야 세금 처리에 문제가 없다.

유튜브로 수익을 벌기 위해서는 꾸준히 영상을 올리는 게 중요하다. 1~2년 넘게 수요가 있는 영상을 꾸준히 매주 올린다면 유명 유튜버가 되지 않아도 광고 수익으로 월 100~200만 원 이상을 벌 수 있다. 영상 하나가 잘 되는 건 의미가 없다. 그 이후의 관리가 정말 중요하다. 음식점을 열었는데 오픈 때만 잘 되고, 그 이후에 사람이 안 오면 그 집은 곧 망하는 논리와 같다. 일정 기간 유튜브가 유지되면 운영 채널과 관련 있는 주제로 PDF 판매, 책 출간, 강연 등의 2차 수익으로 연계가 가능하다. 또한, 구독자가 많아지면 [브랜디드 콘텐츠]라고 불리는 광고를 수주받을 수 있다. 클라이언트 기업과 공공기관이 원하는 영상을 제작해 내 채널에 올리면, 광고비를 제공받아 추가 수익을 얻을 수 있다. 유튜브 운영의 경우 많은 사람이 접하는 가장 핫한 부업인 만큼 경쟁이 치열하다. 하지만 꾸준함이 있다면 충분히 월급만큼의 수익을 올릴 수 있다.

5. PDF 판매와 책 출간

자동형 부업 시스템 중 대중화된 방식이다. 기존의 출판사와 계약을 맺어서 책을 내는 건 일정 이상의 필력과 전문성이 필요하다. 그런데 PDF 판매는 대중에게 전달할 주제만 명확하다면 충분히 스스로 할 수 있다. 처음엔 인스타그램, 페이스북, 블로그 등에 글을 적으며 목차를 하나씩 구성하면 좋다. 글을 쌓아가기 좋은 플랫폼은 카카오 브런치다. 전문 작가들도 사용할 만큼 글 작성에 편리하다. 글을 하나씩 작성하다보면 어느새 한 권 분량의 글이 완성되어 있음을 발견하게 된다. 이 글들을 제목과 목차를 완성 후 PDF로 전환하여 크몽 등 다양한 재능마켓에 업로드하면 수익을 올릴 수 있다. 뿐만 아니라 개인 SNS에서 홍보하여 판매량을 늘려도 된다. 때로는 출판사와 계약 후 받는 인세보다 더 많은 인세를 손에 쥘 수 있다. PDF나 글을 작성한 플랫폼이 출판사의 눈에 들면 책 출간 요청이 들어오기도 한다. 이후 강의로 인한 2차 수익까지 발생하는 좋은 시스템이다.

3

하루 3~4시간으로
월급만큼 버는
반자동형 부업 4가지

인터넷의 발달로 디지털화가 본격화되면서 밖에 나가지 않고 집에서 언제든 가능한 부업이 많아졌다. 이번에 소개할 부업은 노트북과 휴대폰만 있으면 언제든 가능한, 재택으로 할 수 있는 반자동형 부업이다. 부업에 관심을 두는 사람이라면 한 번쯤 들어본 내용일 수 있다. 그럼에도 아직 시도해보지 않았다면 내일이라도 진행해보길 바란다. 꾸준한 노력만 이어지면 앞서 소개한 부업들처럼 하루에 3~4시간을 들이는 것만으로도 일정 수입을 창출할 수 있다.

1. 티스토리 블로그

네이버 블로그와 함께 블로그 형태를 대표하는 플랫폼이다. 네이버는 인터페이스가 편해서 글쓰기가 쉽고 대중에게 '블로그' 자체로 인식될 만큼 지지층이 탄탄하다. 반면, 티스토리는 네이버만큼 인지도는 없다. 하지만 덜 유명한 덕분에 조금 더 유연하게 광고를 넣을 수 있다는 큰 장점이 있다. 수익 면에서 티스토리가 네이버 블로그보다 전반적으로 낮다고 평가받는 이유다. 티스토리는 크게 구글 애드센스, 어필리에이트, 체험단, 마케팅 대행을 통해서 수입을 발생시킬 수 있다.

  티스토리 블로그 부업을 시작하는 방법은 다음과 같다. 티스토리 사이트에 가입 후 티스토리 블로그를 개설한다. 그리고 매일 글을 쓰면 된다. 이 때 글은, 일상이 담긴 일기를 매일 쓰는 게 아니다. 구글 트렌드나 블랙키위 등을 활용하여 사람들이 원하는 정보의 트렌드를 파악 후 인기 검색어를 중심으로 글을 써 내려가야 한다. 일정 기간이 지난 후 방문자 수의 평균이 50 이상 유지되면 구글 애드센스 사이트에 가입하여 광고 승인을 신청하면 된다. 애드센스란 네이버의 애드포스트와 비슷한 형태로 구글에서 운영하는 광고 프로그램이다. 광고 노출 수와 클릭 수 등을 바탕으로 수익 창출이 된다는 점에서 애드포스트와 수익 창출 방식이 동일하지만, 애드포스트보다 광고비가 비싼 편이라 승인 조건이 까다롭다. 일정 시간, 일정량의 게시글이 꾸

구글 트렌드

빅데이터 기반 키워드 분석 플랫폼, 블랙키위

키워드 분석을 통해 콘텐츠 유입률을 늘리고, 사업을 확장시켜보세요.

관심 키워드 입력 ex. 비트코인, 여행, 맛집...

블랙키위

준히 업로드 돼야 하는 이유이다. 단, 담배나 술과 같은 내용은 최대한 피해야 승인에 유리하다. 처음에는 1달러 미만의 금액이 들어오지만, 이슈를 중심으로 꾸준히 글을 써 내려가면 100달러 이상까지도 충분히 발생할 수 있다.

　　수입을 늘리기 위해서는 네이버 블로그에서 언급한 것처럼 쿠팡 파트너스와 아마존 어필리에이트에 가입 후에 제품 링크를 티스토리에 입력해야 한다. 어필리에이트는 10% 수수료까지도 진행된 적이 있었으나, 현재는 쿠팡 파트너스처럼 3% 정도로 책정된다. 일명 '소비 방어용' 소득으로 불리는 체험단으로도 부가 수입을 만들 수 있다. 체험단을 관리하는 업체와 계약을 맺은 후 업체에서 알려주는 제품과 서비스를 사용하여 리뷰를 작성하면 리뷰당 고료가 제공된다. 단, 네이버와 마찬가지로 광고성 느낌이 많이 난다면 저품질로 될 수 있으니 늘 주의해야 한다.

　　처음에는 작성한 글의 시간과 노력 대비 수입에 만족하지 못할 가능성이 크다. 하지만 중요한 건 4가지 수입 구조가 원활하게 돌아갈 때까지 글을 꾸준히 작성해야 한다는 것이다. 예를 들어 쿠팡 파트너스를 통해 소비자가 만 원짜리 제품을 구매하면 3백 원가량의 수

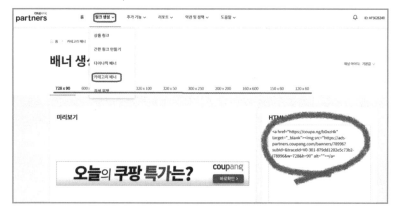

쿠팡 파트너스 제품 링크 입력

수료를 받지만, 100명, 1,000명에게 적용된다면 금액은 기하급수적으로 불어나게 된다. 그렇다고 특별한 노동이 필요하지는 않다. 관련 주소를 티스토리에 입력해놓았을 뿐이다. 꾸준함에 의한 순환을 어떻게 시키느냐에 따라 수입의 정도는 충분히 달라질 수 있다.

2. 스톡 사진 판매

스톡Stock 사진이란 고객의 수요를 예측해서 미리 사진을 만든 후 고객에게 그 사진의 사용권을 판매하는 것이다. 쉽게 말해 내가 찍은 사진을 특정 사이트에 업로드 후 고객이 그 사이트에서 사진을 구매하는 거라 보면 된다. 스톡 사진은 크게 RMRights Managed방식과 RFRoyalty Free방식이 있다. RM은 구매하는 사진에 대한 한 번의 사용을 허가한다. 구매자는 어떤 용도와 방법으로 사용할지 판매자에게 허락을 받아야 한다. RM은 사진의 퀄리티가 높은 편이며, 고가에 판매된다. 판매되는 대표적인 사이트로 게티이미지뱅크www.

셔터 스톡 사이트 화면

gettyimagesbank.com를 들 수 있다. RF는 구매자가 구입한 다음에 어떤 목적으로든 쓸 수 있다. 사진의 가격이 저가에 속하며 전속계약을 하지 않는다면 다른 사이트에 중복해서 사진을 올릴 수 있다. RF의 대표적인 사이트로 셔터스톡www.shutterstock.com을 들 수 있다.

　　DSLR 같은 고가의 카메라로 찍은 사진이면 좋지만, 최근 휴대폰 카메라 성능이 월등히 좋아진 만큼 예전보다 마음 편하게 업로드할 수 있다. 구매 대상 자체가 글로벌 개념이기에 한국적인 느낌이 많이 나는 사진을 찍으면 판매에 유리하다. 스톡 사진이 기업 내 홍보용 소스로 자주 사용되는 만큼 풍경보다 도시 느낌의 사진이 조금 더 수요가 많은 편이다. 지역의 매력적인 포인트나 새로운 관광지 등은 한국관광공사에서 운영 중인 [대한민국 구석구석]을 참고하면 좋다. 스톡 사진을 팔 수 있는 국내 사이트로는 크라우드픽www.crowdpic.net이 있다. 크라우드픽은 별도의 심사 없이 작가로 등록될 수 있어서 진입이 편하다는 이점이 있다.

　　장당 금액은 100원 단위로 책정이 되어 처음에는 수입이 많지 않다. 다른 부업과 마찬가지로 꾸준함이 필요하다. 그러나 일정 이상의 단계에 올라가면 백만 원 단위의 월수입이 발생한다. 일부 전문가는 천만 원 단위까지도 가능하다. 일본의 한 사진작가는 나뭇잎만 전문적으로 찍어서 20억 원 이상의 수입을 발생시키기도 했다.

Xpiks^{https://xpiksapp.com} 이란 어플을 활용하면 사이트 별로 키워드와 제목을 자동 등록할 수 있다. 판매 가능한 스톡 사진에는 상업적 이용이 가능한 커머셜과 보도용 사진으로 판매되는 에디토리얼이 있는데, 커머셜은 인물 사진으로도 충분히 수요가 있다. 단, 유명인의 경우에는 에디토리얼로만 등록이 가능하다.

3. 럼블^{Rumble}

럼블은 영상을 중계해주는 미디어 플랫폼이다. 우리가 럼블에 짧은 영상을 보내면, 럼블은 그 영상을 소스로 필요로 하는 고객들에게 판매하는 중계 역할을 한다. 우리는 소스를 제공하는 대가로 일정액의 수수료를 받는다. 꼭 전문 편집 기술이 들어간 영상이 아니어도 괜찮다. 별도의 편집 없이 휴대폰으로 촬영한 10초 내외의 영상을 업로드하는 것만으로도 수익을 올릴 수 있다.

구글에서 Rumble을 검색하면 사이트^{www.rumble.com}를 확인할 수 있다. 크롬에서는 마우스 오른쪽 버튼을 누르면 '한국어로 번역' 기능이 있으니 영어를 못하더라도, 번역된 사이트를 통해서 영상을 업로드 하는 게 어렵지 않다. 럼블로 수익을 얻으려면 먼저, 럼블 사이트에서 로그인 계정을 통해 개인정보를 등록하여 가입을 진행해야 한다. 이때, 가입한 이메일에서 인증 메일을 활성화하면 된다. 메인 페이지에서 오른쪽 상단에 있는 초록색 아이콘을 클릭하면 '계정 확인 진행'을 확인할 수 있다. 여기까지 완료되면 계정 상태가 인증된 것으

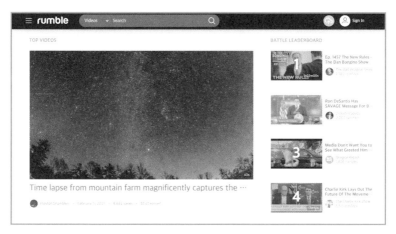

럼블 사이트 화면

로 확인되어 영상 업로드부터 수익 창출까지 진행할 수 있다.

계정 인증 완료 후에 오른쪽 상단의 초록색 아이콘을 누르면 비디오 업로드, 공유 및 라이선스를 확인할 수 있다. 비디오를 업로드하면 옆의 섬네일을 고를 수 있으며, 제목, 설명, 태그를 입력한 후 오른쪽 하단의 업로드 버튼을 누르면 된다. 외국 사이트인 만큼 모든 내용은 영어로 작성되어야 한다. 이후 비디오 관리를 선택 후 하단의 체크옵션 2개를 다 체크하면 전체 업로드가 완료된다.

처음에는 수익 창출이 보류 중이라고 뜨지만, 며칠이 지나면 통과된다. 수익을 받기 위해서는 외국 사이트인 만큼 페이팔 등록이 필요한데, 프로필 아이콘에서 '계정 개요'-'계정 옵션'을 누르면 지불 세부 사항을 입력할 수 있고, 페이팔이나 페이오니아PAYONEER 중 한 가지를 선택할 수 있다. 앞으로 소개할 외국 사이트가 대부분 페이팔로 연계되는 만큼 페이팔을 선택하면 된다. 럼블에서 들어온 수익을 페이팔로 보내면 1주 정도 뒤에 페이팔에서 금액을 확인할 수 있다.

쿠팡 파트너스 제품 링크 입력

럼블은 다른 영상 플랫폼 대비 별도의 편집을 하지 않아도 된다는 큰 이점이 있다. 그렇다고 무작정 아무 영상이나 올려서는 안 된다. 기업이나 사람들에게 영상이 팔려야 수익이 발생하는 만큼, 사람들의 시선을 끌 수 있는 소스를 바탕으로 영상을 촬영·등록해야 한다. 그렇다고 꼭 전문성이 있는 자료를 등록해야한다기보다는 아이, 반려동물, 아름다운 자연풍경 등 사람들이 관심을 두는 수요에 집중하면 좋다.

4. ZOOM을 활용한 외주 프리랜서

타인에게 무언가를 전달할 수 있는 일정 전문성을 가졌다면 원격으로 강의를 시도할 수 있다. 보통의 강의는 오프라인에 적용되었지만, 코로나19로 인해 원격 강의가 대중화되었다. 원격 강의는 대관비를

줌 가입 시 사이트 화면

비롯해 기타 행사비 측면에서 별도의 비용이 들지 않는다는 장점이 있다. 원격 프로그램의 종류는 많지만, 대중적으로 알려진 ZOOM을 활용하면 좋다. 현재 학교를 비롯한 외부 강의에서 주로 사용되는 만큼 강의에 참석하는 사람들도 쉽게 사용할 수 있다.

처음에는 자신의 재능으로 숨고나 탈잉같은 플랫폼에서 강의를 개설하면 좋다. 초창기에는 수입보다는 투자 개념으로 접근해야 한다. 수강생들의 리뷰를 모은다는 생각으로 참여하는 것이다. 줌은 무료로 사용할 수 있다. 한 타임당 40분 제한이 있지만, 다시 방을 만들 수 있고, 월 18,000원가량을 지급하면 시간제한 없이 사용 가능하다.

강의가 아니더라도 외주 형태로 프리랜서 일을 해나갈 수 있다. 분야에 따라 위시켓, 이랜서, 디자인서커스 등의 플랫폼을 활용해 클라이언트에게 수주 받을 수도 있다. 중개 개념이므로 판매 수수료가 약 20%씩 적용되지만, 전문성을 높이면서 부업을 한다는 개념으로 생각하면 좋다. 전문적인 스킬이 없다면 국민내일배움카드 등을 활용하여 진행 가능한 스킬을 무료로 배우는 걸 추천한다.

4

하루 1~2시간으로 할 수 있는 부업 3가지

부업의 최종 목표는 자동형 부업 시스템의 구축이다. 그전까지는 월급만큼의 금액을 부업으로 얻으려면 일정 이상의 시간과 전문성이 들어갈 수밖에 없다. 세상에 쉽게 돈을 버는 일은 많지 않기 때문이다. 그래도 최소한의 시간을 투자하여 최고의 효과를 얻고 싶은 게 보통 사람의 마음이 아닐까. 이번 파트에 소개할 것은 하루 1시간의 시간을 들여 최고의 효과를 발휘하는 3개의 부업이다.

1. 네이버 지식인

인터넷을 하는 사람이라면 네이버 지식인을 모르는 사람이 없다. 다만, 대부분 네이버 지식인에서 궁금한 내용을 질문하거나, 궁금한 주제에 관해 다른 사람이 올려놓은 질문과 답을 보기만 했을 것이다. 물론 전문적인 지식을 바탕으로 다른 사람의 질문에 대답해주는 사람도 있지만, 상대적으로 소수에 속한다.

사람들이 지식인에 답변자로 참여하지 않은 이유는 2가지다. 한 가지는 질문에 대한 전문적인 답을 하기 어렵기 때문이고, 다른 한 가지는 특별한 보상이 없기 때문이다. 질문자에게 답변을 해주고, 내가 한 답변에 채택되려면 일정의 전문성이 필요한데, 문제는 막상 답변에 채택되고자 시간과 노력을 들여 답을 적어도, 그에 대한 보상이라고는 내공이라 불리는 포인트 시스템이 전부라는 것이다. 포인트는 다른 용도로 사용할 수 없고, 등급을 올리는 용도로 활용된다. 게임 캐릭터로 치면 경험치와 같다. 결국, 사람들이 네이버 지식인을 부업과 크게 연관 짓지 않는 이유는 돈이 안 되기 때문이다.

그런데 네이버 지식인을 잘만 활용하면 일정 수입을 창출할 수 있다. 네이버 블로그나 포스트는 경쟁이 너무 치열해서 인터넷 포털 검색 상단에 올라오기가 쉽지 않다. 검색 상단에 올라와야 사람들이 블로그에 방문하여 애드포스트 등 광고비 수입을 얻을 수 있다. 그런데 지식인을 활용하면 치열한 경쟁 싸움에서 한 발 떨어져서 광고 수입을 만들 수 있다. 앞서 네이버 블로그와 티스토리의 수익 구조를 설명할 때 언급했던 쿠팡 파트너스를 활용하면 된다.

쿠팡 파트너스는 쿠팡이란 플랫폼과 연계하여 일정액의 수수료를 얻는 시스템인데, 문제는 이러한 방식을 다른 사람들도 자주 활용하다 보니 네이버에서 사전에 차단해버린다는 것이다. 네이버는 검색 알고리즘에 따라 쿠팡 파트너스가 자주 활용되는 블로그를 저품질로 지정해버린다. 저품질로 지정되면 성심성의를 다해서 글과 사진을 올려도 검색창에서 제대로 검색되지 않는다. 노력이 물거품 되는 것이다. 그런데 지식인은 저품질과 상관없다. 지식인에 올라온 질문의 답변에 쿠팡 파트너스 링크를 연동하면 된다. 단, 기존에 사용

검색 화면

중인 네이버 블로그 연동 ID가 아닌 다른 신규 아이디를 만든 후 진행하면 좋다. 혹시나 모를 블로그의 피해를 사전에 방지하는 것이다. 네이버 ID는 최대 3개까지 가입이 가능하며, 탈퇴하고 한 달 후에 재가입이 가능하다.

무작정 네이버 지식인에 올라온 질문에 대한 답변과 쿠팡 파트너스 링크를 올린다고 해서 수입이 발생하진 않는다. 조회 수가 높지 않은 질문에 정성껏 글을 적는다면 오히려 시간 낭비에 불과할 수 있다. 그렇기 때문에 쿠팡 파트너스에서 판매가 잘 되는 제품과 관련한 질문, 자신이 어느 정도의 전문성을 드러낼 수 있는 질문에 답을 남겨야 한다. 그중에서도 아직 답변이 채택되지 않았으면서도, 조회 수가 높고, 최근에 올라온 글이면 좋다. 단순히 정보를 복사하듯이 글을 남겨서는 안 된다. 정성스러운 답변은 사람들의 선택과 비례한다. 그렇기에 실제로 그 제품을 구매할 사람들에게 유익한 정보를 준다는 진정성으로 접근해야 한다.

이걸 하는 방법은 어렵지 않다. 네이버 지식인에서 질문자의 질문에 맞는 답변을 적은 후 쿠팡 링크를 마지막에 함께 남기면 된다. 쿠팡 링크를 남기려면 쿠팡 파트너스www.partners.coupang.com에 먼저 가입

해야 한다. 그 후, 상단 메뉴의 [링크 생성]을 누르면, 하위 메뉴에 [상품 링크]가 나온다. [상품 링크]를 누르면, 원하는 상품을 찾을 수 있고, 마음에 드는 상품의 이미지에 마우스를 갖다 대고 [링크 생성]을 누르면 [URL 복사]를 통해, 쿠팡 상품의 단축 URL을 복사할 수 있다.

그리고 그 복사된 URL을 지식인에 삽입하면 된다. 중요한 건 URL 밑에 "파트너스 활동으로 수수료를 제공받습니다."를 꼭 남겨야 한다는 것이다. 네이버 지식인을 검색하던 누군가가 자신이 남긴 답변에 적힌 쿠팡 URL을 통해 물건을 구매하면 일정 수수료가 발생하여, 수익을 얻을 수 있다.

꼭 쿠팡 파트너스 URL을 매번 남겨야 하는 건 아니다. 네이버 지식인을 제대로 활용하려면, 다른 질문에 답을 남겨놓는 노력이 필요하다. 질문에 채택되면 앞서 언급한 내공이란 포인트를 얻게 되는데, 내공이 많아지면 등업이 된다. 답변으로서의 신뢰도가 올라가며,

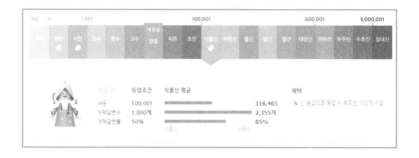

차후 다른 질문의 답변에서 채택될 확률이 높아지는 것이다. 그리고 자연스럽게 쿠팡 파트너스의 수수료도 비례하여 증가할 확률이 높아진다. 누구에게나 똑같이 제공되는 내공이지만, 어떻게 활용하느냐에 따라 수입과 직접적으로 연동될 수 있다.

2. 카카오톡 이모티콘 제작

최근 한 방송에서 한 사람이 카카오톡 이모티콘으로 월 1억2천만 원의 수입을 번다고 해서 화제가 된 부업 분야다. 방송에 나온 사람은 부업이 아닌 전업이지만, 우리는 부업으로도 충분히 접근할 수 있다. 이모티콘 제작을 전문성의 영역으로 여길 수 있지만, 콘셉트와 디자인에 관한 감각이 있고 그래픽 프로그램을 일부 다룰 수 있다면 디자인 전공자가 아니더라도 충분히 시도할 수 있다. 최근 한 조사에 따르면 연 매출 1억 원에 달하는 이모티콘이 무려 1,300개가량이라고 한다. 이 모든 이모티콘이 전문 디자이너의 영역만은 아닐 것이다. 이모티콘 시장의 규모가 계속해서 커지고 있다. 그동안 책의 인세가 대표적인 자동형 부업이었다면, 이제부터는 잘 만든 이모티콘 하나가 연금 개념으로 인식될지도 모른다.

이모티콘을 만들기 위한 준비물로는 태블릿 PC와 펜슬이 필요하다. 신제품의 가격이 부담스럽다면 중고로 구매해도 괜찮다. Wacom 타블렛은 9만 원으로도 구매가 가능하다. 디자인 프로그램은 어도비 포토샵이 가장 널리 알려져 있는데, 다만 월마다 돈을 내야 하는 구독 시스템이라서 누군가에게는 재정적 부담이 될 수도 있다. 이럴 땐 메디방 페인트 프로그램을 추천한다. 홈페이지 www.medibangpaint.com에서 무료로 다운이 가능하며, 튜토리얼도 제공된다.

어떠한 이모티콘을 제작해야 하는지에 관한 정답은 없다. 카카오톡에 있는 수많은 이모티콘을 보면서 아이디어를 떠올리면 좋다. 그러나 복제는 금물이다. 그나마 편하게 접근하는 방법은 내 일상에서 발생하는 에피소드와 상황들을 캐릭터화하는 것이다. 무의미한 일상일지라도 특별한 순간들은 늘 존재하기 때문이다.

카카오에 제안하는 방식은 멈춰있는 이모티콘, 움직이는 이모티콘, 큰 이모티콘으로 나뉜다. 움직이는 이모티콘과 큰 이모티콘은 GIF 애니메이션이 적용되므로 디자인 프로그램이 서툰 사람은 부담이 될 수 있다. 대신 360X360(px)로 32종의 PNG 형태로 제작하는 멈춰있는 이모티콘은 누구나 도전할 수 있다.

이모티콘 심사는 단순히 그림 실력을 보는 자리가 아니다. 콘셉트를 비롯해 사람들의 관심을 끌 만한 매력적인 디자인을 찾는 것이다. 즉, 그림 실력에 너무 연연치 않아도 된다. 매달 5,000건 이상의 이모티콘이 제안되고, 그중 뽑히는 수량은 약 100개 전후이다. 앞서 연금이라 표현할 만큼의 매력적인 부업이기에 경쟁률이 치열할 수밖에 없다. 다만, 제안한 아이디어가 승인 나지 않았어도 이모티콘을 폐기하면 안 된다. 조금의 수정을 거쳐 다시 제출해도 되기 때문이다.

만약 제안한 아이디어가 승인되면 카카오와 추가 작업을 통해 이모티콘을 정식 출시하게 된다.

수익 구조는 구글과 애플의 유통 수수료를 지급 후 남은 금액에서 카카오와 분배한다. 보통 하나당 600~800원 정도의 수익으로 책정되는데, 다운로드 인기순위 20위 권 내에 들면 월 3~5천만 원 정도의 수입을 벌 수 있다고 한다. 이 부업의 큰 장점 중 한 가지는 캐릭터 IP Intelectual Property 다. 내가 그린 이모티콘이 지적 재산권에 해당되고, 이모티콘이 인기를 끌게 되면 굿즈를 통해 추가 수익을 창출할 수도 있다. 그림에 흥미를 가지는 것만으로도 여러분은 황금알을 낳는 거위를 가질 수 있는 것이다.

이모티콘 출시 과정

3. 중고책 부업

중고책으로 부업을 한다고 하면 생소할 것이다. 지금 이 순간에도 퇴근 후, 누군가는 중고책으로 돈을 벌고 있다. 수십 만 원에서 수백 만 원까지 매달 꾸준히 버는 분들도 전국적으로 꽤 있다. 아직 많이 알려지지 않았지만, 시도하는 사람들이 늘어나고 있는데, 물론 모든 중고책이 돈이 되는 건 아니다. 중고책 중에서도 [어린이 전집]이 수요도 많고, 중고 거래도 활발하기 때문에 돈이 된다.

어린 자녀를 키우는 집에는 보통 3~6개의 어린이 전집 시리즈물을 가지고 있다. 자녀가 성장함에 따라, 어린이 전집은 불필요한 물건이 된다. [어린이 전집]의 시세는 개똥이네https://www.littlemom. co.kr:8443/sub/main.html?reflt=라는 중고책 판매 사이트에 접속하면 알 수 있다. 당신은 중고책 시세를 정확히 파악해 놨다가, 이사를 가거나, 빠르게 처분해야 하는 사람들에게 저렴하게 매입하면 시세 차익을 얻을 수 있다.

예를 들어, [개똥이네]에서 'A'라는 중고책 어린이 전집이 20만 원 시세로 거래 된다고 치자. 당신은 [당근마켓]이나 [중고나라]에서 (어떤 사정에 의해 급매하는 사람에게) 20만 원 보다 저렴한 가격으로 'A' 어린이 전집을 중고로 매입한다. 그 후, [개똥이네]에서 20만 원에 판매하면 시세 차익을 얻을 수 있는 것이다.

[당근마켓]이나 [중고나라]에서는 최대 차로 1시간 이내 거리에 있는 중고 어린이 전집을 매입하고, 판매할 때는 택배를 이용해서 전국으로 보낼 수 있다. 이때 택배비는 평균 5천 원 가량 소요되므로, 중고책을 매입할 때 택배비까지 생각해야 마진을 정확히 남길 수 있다.

중고책 매입을 조금 더 수월하게 하려면, [네이버 블로그]를 개설하고, 어린이 전집 및 중고책 관련 포스팅을 꾸준히 해서 블로그 노출 점수를 높여야 한다. 그 후, 'ㅇㅇ(지역명) 중고책 매입, 중고책 어린이 전집 삽니다, 중고책 판매'등의 키워드를 자연스럽게 노출해, 당신이 거주하는 지역의 '어린이 전집 중고책'을 저렴한 시세로 매입하는 게 중요하다. 블로그 내용에는 당신의 연락처를 기록해 두고, 연락이 오면, 중고책 상태를 사진을 찍어서 보내달라고 요청한 후, 상태가 괜찮다고 판단되면, [개똥이네]에서 시세와 실제 거래가 잘되는지 수요를 파악하면 된다. 거래도 자주 되는 인기 어린이 전집이라고 판단이 되면, 고객의 집에 방문해 해당 중고책을 매입한 후, 집으로 돌아와 중고책의 하자 여부를 검수하면 된다. 검수가 끝났으면, [개똥이네]에 해당 어린이 전집을 판매한다고 올리고, 연락을 기다리면 된다. 물론, [중고나라]와 [당근마켓]에도 복수로 등록해도 된다.

만약, 당신이 기존 중고마켓 뿐 아니라, [개똥이네]에서 판매까지 하려면, 사업자등록을 해야 하는데, 업종은 '중고책 소매업'으로 등록하면 된다.

단순한 구조라, 누구나 처음 시작해서 수익을 내기까지의 난이도는 쉬운 편인데, 꾸준히 하는 사람은 드문 편이다. 왜냐하면, 고객에게 매입 시 운전해서 가야하고, 책을 옮길 때는 육체적 노동이 필요하다. 그러나 육아 맘이나, 재택근무 직장인처럼 시간을 자율적으로 쓸 수 있는 분들이라면, 하루에 적은 시간으로 수익을 낼 수 있는 괜찮은 부업이니 도전해보시길 바란다.

5

노마드태스크로 용돈 벌기

이번에는 퇴근 후에 30분 정도만 투자하여 수입을 만들어내는 부업을 소개하겠다. 꾸준히 하면 용돈 정도는 충분히 만들 수 있다.

　이번 부업의 핵심은 디지털 노마드Digital Nomad다. 시대가 변하면서 직업과 직장의 의미가 다양해지고 있다. 예전에는 전통적으로 특수 업종이 아니라면 한 공간에서 정해진 자기만의 자리에 앉거나 서서 일하는 게 일반적이었다. 그런데 이제는 휴대폰, 노트북, 카메라만 있으면 세상 어디서든 일을 할 수 있다. 디지털 노마드는 디지털 기술을 활용해서 장소와 상관없이 유목민처럼 일하는 사람을 말한다. 누군가는 '디지털 기술'이란 말에 움찔 할 수 있다. 디지털 문화에 익숙하지 않은 사람이라면 자신과는 다른 영역으로 받아들일 수 있기 때문이다. 하지만 초보자도 마법처럼 디지털 전문가로 만들어주는 방법이 있다. 그것도 하루에 30분만 투자해서. 그 비법은 바로 노마드태스크다.

디지털 노마드 부업 노마드태스크

노마드태스크는 디지털 노마드를 위한 온디맨드 마케팅 플랫폼이다. 온디맨드On-Demand란 공급이 아닌 수요가 중심이 되어 모든 것을 결정하는 시스템이나 전략을 의미한다. 온디맨드는 전 세계 200여 개국 10만여 명의 디지털 노마드 회원들을 대상으로 하여 다양한 마케팅 미션을 진행하고 있다. 쉽게 말하자면 기업들이 노마드태스크에 의뢰한 일을 여러분이 실행하면 그에 대해 보상해주는 시스템이다. 게임으로 본다면 미션 성공에 따른 보상과 같다.

　일반적으로 기업이 의뢰를 줄 정도라면 기업 내에서 진행하기 힘들 만큼 어렵고 복잡하면서도 시간이 많이 필요한 업무로 여기기 쉽다. 그런데 실제 접수되는 일은 인스타, 페이스북 등 개인 SNS에 특정 어플 리뷰 콘텐츠를 작성하기, 특정 설문 조사에 참여하기 등의 방식이 주를 이룬다. 리뷰 작성이나 설문 조사가 부담스럽다면 지정된 사이트 회원 가입하기, 네이버 블로거 이웃추가하기, 기업 SNS 팔로우하기, 어플 다운받기, 특정 영상 시청하기 등으로 대체할 수 있다. 누군가는 '이정도로 돈을 준다고?' 생각할 수 있을 만큼 간단한 일이기도 한데, 그만큼 브랜드 및 상품 홍보가 쉽지 않다는 사실을 방증하기도 한다.

　이제 본격적으로 진행해보자. 먼저, 노마드태스크www.nomad-task.com에 회원가입 후 계정 생성을 진행한다. 홈페이지에서 '참여가능 태스크만 보기'에 체크하면 자신이 참여할 수 있는 태스크들이 나열된다. 태스크를 클릭하면 업무에 대한 진행방법을 확인할 수 있다. 여기서 참여하기를 누르면 '제출 마감 시간'이 뜬다. 이후 진행 절차에 따라 태스크를 마무리했다는 근거인 관련 URL 혹은 완료한 화면

의 스크린샷을 제출하면 작업이 마무리된다. 이후 '마이페이지'-'작업자 대시보드'에서 자신이 참여했던 일의 결과를 확인할 수 있다.

결과를 제출했다고 해서 전부 보상을 받진 않는다. 태스크를 의뢰한 메이커가 제출물을 승인해야지만 보상을 받을 수 있다. 질적인 측면이 굉장히 중요한 이유기도 하다. 메이커가 승인하면 포인트를 획득할 수 있는데, 이 때 획득한 포인트는 '마이 크레딧'에서 확인할 수 있다. 여기서 기존의 다른 부업 방식과 차별화된 점은 현금을 바로 입금 받지 않고, 이더리움, 리플, 스팀, 트론, 헌트 등 암호화폐로 금액을 대신 받는다는 것이다. 최소 출금 액수인 5달러 이상의 돈을 암호

노마드 태스크에서 헌트 출금

HUNT 입금

외부 지갑으로부터 나의 HUNT지갑으로 HUNT를 입금합니다.
블록체인 상에서 45번의 승인(컨펌)을 받은 후 HUNT 거래 지갑에 반영됩니다.

STEP 1. 내 지갑주소를 확인해 주십시오.

QR 코드

지갑주소   0x04bbd7s8csa9582133d696a7635q1b30od4c4da7

최소 입금 금액은 150.00 HUNT입니다.   지갑주소 복사

업비트 지갑 주소 복사

화폐로 환전 후 암호화폐 거래소에서 현금으로 출금할 수 있다. 암호화폐의 안정성을 위해서는 이더리움이 좋으나, 일정액 수수료가 있으니 수수료에 대한 부담이 있다면 헌트 코인으로 진행을 권장한다.

　암호화폐의 이해가 부족한 사람이라면 입출금이 조금 복잡하게 여길 수 있다. 예를 들어 헌트코인을 출금해본다고 하자. 먼저, 암호화

폐 거래소인 업비트에 접속한다. 그리고 노마드태스크에서 환전한 헌트코인의 입금용 지갑을 업비트에서 만든 후에 '지갑주소 복사'를 선택한다. 다음엔 업비트에서 복사한 주소를 노마드태스크의 '받을 지갑 주소'에 입력한다. 그리고 출금 액수를 적고 동의를 누른 후 출금 요청을 누른다. 이 때 노마드태스크에 가입할 때 작성한 이메일에서 출금 요청 접수 메일을 확인할 수 있고, 메일에서 출금 승인을 누른 뒤 10분 정도 뒤에 업비트에서 자신이 출금한 헌트 코인을 확인할 수 있다. 끝으로 업비트 내에서 헌트 코인을 매매하여 현금화하면 된다.

만약 자신이 조금은 공격적인 투자 성향을 지녔다면 포인트를 현금으로 환전하지 않고, 암호화폐로 가지고 있어도 된다. 시세 등락에 따라 손해를 볼 수 있지만, 예상보다 많은 시세 차익을 볼 수도 있다. 단, 암호화폐의 특성상 변동성이 심하여 투자에는 늘 신중을 가해야 한다.

노마드태스크를 진행할 때 중요한 부분은 신뢰도 점수다. 처음 회원가입을 하면 신뢰도는 50%에서부터 시작하는데, 신뢰도 점수에

신뢰도 점수

태스크 생성하기

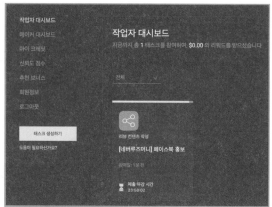

태스크 제출 마감 시간   작업자 대시보드

따라 리워드 비율과 태스크를 수행하는 범위가 달라진다. 그리고 신뢰도 점수가 80% 이상 되어야 돈을 다 받을 수 있다. 몇 가지 태스크를 진행하면 신뢰도가 저절로 오르지만, 정해진 업무 마감 기간보다 늦거나 성실하게 일을 시행하지 못하면 신뢰도 점수는 오르지 않는다. 신뢰도 점수는 하루에 한 번 업데이트되며, 태스크 완료 후 다음 날에 신뢰도가 생성된다.

또한, 자신이 태스크를 의뢰하는 메이커가 될 수도 있다. 타인에게 전달할 태스크를 직접 생성하여 리워드를 걸고 사람들에게 의뢰를 맡기는 것이다. 홈페이지 화면 상단의 '태스크 생성하기'에서 다양한 태스크를 제안할 수 있는데, 사업을 한다면 제품을 홍보할 수 있으며, 개인 계정 팔로우를 늘릴 수도 있다. 이 밖에도 기존의 태스크를 보면서 다양한 제안을 완성할 수 있다.

나는 부업으로 앱테크를 그다지 선호하지는 않는다. 대체로 일정 시간이 필요하며, 다른 부업에 비해 상대적으로 안정성도 보장한다고 볼 수 없기 때문이다. 그런데 노마드태스크는 주어진 의뢰를 해결해나간다는 방식에서 일정의 성취를 느낄 수 있고, 성취에 따른 보상도 나쁘지 않다는 점이 매력적이다. 짧은 시간을 투여하여 일정액의 돈을 버는 부업으로 적당하다고 생각한다.

6

데이터 라벨링을 활용하여
용돈 벌기

시대가 변하면서 부업의 종류도 다양해지고 있다. 최근에는 노트북, 태블릿, 휴대폰만으로 가능한 부업들이 계속해서 늘어나고 있는 추세다. 부업도 사람처럼 디지털화에 맞춰서 꾸준히 진화하고 있는 것이다. 그중에서도 휴대폰 하나만으로 가능한 부업 3가지를 소개하고자 한다. 이 부업은 휴대폰만 있으면 언제 어디서든 할 수 있다. 게다가 하루에 15분 정도만 투여하면 된다. 15분이란 시간을 투여하는 만큼 큰돈을 번다고 말하기는 어렵지만 그래도 용돈 정도는 충분히 벌 수 있다.

이번 부업의 특징은 데이터 라벨링이다. 인공지능인 AI^{Artificial Intelligence}를 이용한 기술과 산업이 발전하고 있다. 인공지능 알고리즘 고도화를 위해서는 다양한 데이터를 주입해야 하는데 현재까지 기술상 AI는 스스로 학습할 능력이 부족하다. AI는 사람이 사용하는 문서나 사진 등의 데이터를 식별할 수 없다. 그렇기에 스스로 학습할 수 있는 기술이 발전되기 전까지 학습 가능한 형태로 데이터를 가공하고 주입해줘야 한다. 그렇게 하면 방대한 데이터를 바탕으로 AI 스스로 유사한 이미지와 텍스트를 식별할 수 있다. 예를 들어 AI에 고양이 관련 사진과 동영상 등을 주입시키면, AI는 다양한 데이터를 학습하면서 유사한 이미지를 고양이로 인식하게 된다. 이러한 데이터 가공 작업을 데이터 라벨링data labelling이라고 하며, 이 작업을 하는 사람을 데이터 라벨러라고 부른다. 아래는 데이터 라벨링 관련 대표 플랫폼 3가지다.

1. 딥네츄럴

딥네츄럴은 인공지능 데이터 가공 플랫폼이다. 우리가 딥네츄럴에서 활용할 부분은 레이블러Labelr인데 기존에는 PC에서만 진행되었으나, 지난해부터 모바일용 어플이 출시되면서 모바일에서도 데이터 수집 및 가공이 가능해졌다.

구글에서 딥네츄럴을 검색하면 레이블러가 검색된다. 레이블러 홈페이지www.labelr.io 오른쪽 상단에 '시작하기' 버튼을 눌러 가입을 진행할 수 있다. 이메일 주소로 연동되는 만큼 이메일 인증은 필수다. 사이트에 로그인 후 개인정보를 업데이트하면 프로젝트에 참여할 수 있는데, 개인정보를 상세하게 적을수록 자신에게 맞는 프로젝트를 추천받을 수 있다. 메인 화면으로 나오면 안드로이드나 iOS에 따른 프로젝트를 확인할 수 있다. 둘 중 자기 휴대폰에 맞는 운영체제를 선택하여 '자세히 보기'를 클릭하면 된다. 화면에서 '프로젝트 시작하기'를 누르면 스마트폰용 프로젝트라고 뜨면서 QR코드가 나온다. 휴대폰에서 레이블러 어플을 설치하면 연동해서 활용할 수 있다.

레이블러 PC 화면　　　　　　　　레이블러 어플 화면

　　프로젝트는 크게 이미지 데이터, 비디오 데이터, 오디오 데이터, 텍스트 데이터로 구분된다. 프로젝트 참여시 보상으로 크레딧을 지급하는데 프로젝트는 대부분 간단하게 구성되어 있다. 예를 들어 제주도 여행 일정을 만든다고 가정하면, 여행 콘셉트를 바탕으로 기간별 일정을 짜면 일정에 따라 크레딧을 지급한다. 2박 3일 일정은 건당 600원, 4박 5일 일정은 건당 1,200원씩이다. 일정별로 최대 작업 개수는 정해져 있으며, 최대치로 작업 시 3~4만 원의 수입이 가능하다. 이 밖에도 심리 관련 설문 조사 참여하기, 원하는 사진 찾기, 두 가지 선택지 중 한 가지 선택하기, 음성을 듣고 그대로 따라하기 등의 프로젝트가 있다.

　　사람들이 가장 많이 하는 방식은 텍스트 데이터인데, 글쓰기를 전문으로 하지 않는 사람도 큰 어려움을 느끼지 않을 만큼 쉬운 프로젝트도 많다. 누군가를 대상으로 한 감정일기를 작성하거나, 일정 분량의 글에서 맞춤법을 확인하거나, 문장을 요약하는 등의 프로젝트다. 텍스트 데이터는 글쓰기라는 콘텐츠 상 다른 방식에 비해 상대적으로 진입이 쉬우며 크레딧도 좋은 편이다.

저자 크레딧

출금은 실명인증이 완료된 작업자에 한해 신청이 가능하다. 월요일부터 일요일까지 신청된 건에 대하여 그다음 주 금요일에 정산이 진행된다. 일반적으로 1,000크레딧=1,000원의 환율로 적용되며, 5,000크레딧 이상부터 주 1회 출금 신청이 가능하다. 3.3% 세금 공제 후 등록된 계좌로 출금이 진행된다.

2. Aiworks

Aiworks는 인공지능 데이터 수집 가공 전문기업인 테스트웍스에서 진행하는 크라우드소싱 기반의 데이터 수집 가공 플랫폼이다. 사회적 가치를 추구하는 기업인만큼 프로젝트에 대한 보상으로 현금뿐만 아니라 봉사 활동 시간을 준다는 점에서 다른 모델과 차별점이 있다.

구글에서 Aiworks를 검색하여 홈페이지www.aiworks.co.kr에 접속 후 회원가입을 진행한 뒤 개인정보 및 부가 정보를 입력하면 프로젝트를 진행할 수 있다. 딥내츄럴과 마찬가지로 자세하게 정보를 입력할수록 자신에게 맞는 추천 프로젝트를 추천받을 수 있다.

딥네츄럴이 텍스트에 적합하다면 Aiworks는 이미지에 특화되어 있다. 한 예로 집에 있는 가전용품을 정면, 후면, 측면 등 위치를 달리하여 사진을 찍어 업로드하면 그에 대한 보상이 진행된다. 물론, 쉽게 진행할 수 있는 프로젝트인 만큼 보상이 넉넉하지는 않다. 보상이

프로젝트 화면　　　　　　　　　　　　진행 화면

건당 백 원 단위의 금액으로 진행되기에 일회성으로 수입을 창출하기는 어렵다. 대신 보상 횟수가 쌓이면 용돈벌이로는 가능하며, 누구나 할 수 있다는 큰 이점이 있다.

　Aiworks에서 출금을 진행할 시 보안서약서를 작성해야 한다. 5,000포인트 이상이 되면 출금을 진행할 수 있다. 계좌이체 신청 금액과 은행명 등 계좌 정보를 작성한 후 신청하면 3.3% 세금 공제 후 등록된 계좌로 현금이 들어온다.

3. 크라우드웍스

크라우드웍스는 코스닥 상장을 추진할 정도로 데이터 라벨링 기업 중에서는 탄탄한 회사로 볼 수 있다. 데이터라벨링 초창기 기업인만큼 전체적인 시스템이 잘 구성되어 있다.

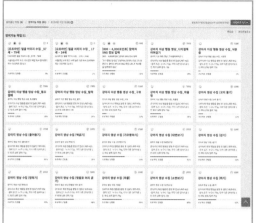

　　구글에서 크라우드 웍스를 검색하면 홈페이지를www.crowdworks.
kr를 확인할 수 있다. 위의 2가지 방식과 마찬가지로 회원가입 후 부
가정보를 입력하면 된다. 단, 크라우드웍스는 단순히 가입했다고 해
서 프로젝트를 바로 진행하지는 못한다. 일정 교육프로그램을 이수
후 테스트를 거쳐야 작업이 가능하다. 이 때 교육프로그램을 이수만
해도 보상으로 포인트를 지급한다.

　　대부분의 프로젝트는 Aiworks와 마찬가지로 이미지 데이터에
초점을 맞추는데, 물건을 휴대폰으로 촬영하여 업로드 하는 프로젝
트가 주를 이룬다. 이 밖에도 음성 녹음, 동영상 촬영, 설문 조사 등을
진행할 수 있다. 프로젝트 중에 애플이나 안드로이드 마크가 있는 건
휴대폰으로만 작업이 가능하다.

　　포인트 출금 시 1포인트는 1원의 개념으로 적용된다. 매주 1회
지급되며, 목요일 오후 2시까지 출금을 신청해야 한다. 금액은 1,000
원부터 신청할 수 있으며, 신청한 금액은 다음 날 금요일 오후 2시에

3.3% 세금 공제 후 지정된 계좌로 입금된다.

플랫폼의 종류와는 상관없이 데이터 라벨링은 단기 프로젝트가 많다. 프로젝트가 종료되면 작업내용들이 삭제된다. 그러다 보니 홈페이지 상에서 볼 때 프로젝트가 많지 않은 것처럼 보이기도 한다. 데이터 라벨링이 생각날 때마다 사이트에 접속하는 것보다는 꾸준히 접속하여 프로젝트를 확인하는 습관을 들이면 좋다.

대부분 첫 달에 할 수 있는 프로젝트는 한정되어 있다. 게다가 단가도 낮은 일이 많다. 기업은 데이터 라벨러의 프로젝트 진행률 및 반려율에 맞춰서 프로젝트를 제안한다. 초반에는 들이는 노력 대비 수익이 안 나올 수 있다. 그런데 하루에 15분씩 6개월 정도 진행하면 충분히 용돈 정도의 수익이 만들어진다. 만약에 주로 활용하는 사이트에 프로젝트가 없다면, 실시간으로 프로젝트가 활성화되는 다른 사이트에서 일을 진행하면 된다. 데이터 라벨링 특성상 3~5개 정도의 사이트를 순환하며 일할 수 있다.

하루에 15분씩 30일 동안 진행하면 총 7시간 30분이 필요하다. 8시간이 채 되지 않는 시간을 들여 10만 원 이상의 용돈을 만든다면 충분히 괜찮은 부업이 아닐까.

7

레드버블로 자동 수익 만들기

몸빵형 부업이 아니라면 제품 및 고객 관리가 필요하다. 스마트스토어, 해외 구매대행, 유튜브, 블로그 등이 대표적이다. 이러한 부업은 적당한 관리를 함으로써 수입을 지속 증가시킬 수 있다. 그런데 증가하는 수입만큼 관리에 신경 쓰다 보면 생각지 못한 스트레스를 받기도 한다. 본업이라면 돈을 충분히 버는 만큼 일정 스트레스를 감내하겠지만, 아직 수입이 일정치 않은 부업이라면 그러기 힘들다. 반자동형과 자동형 부업은 초기에 수입이 마땅치 않다. 그럴 때면 관리를 최소화하여 스트레스에서 벗어나고 싶은 생각이 들기도 한다. 그렇다고 어느 정도 성장시켜놓은 부업에서 손을 떼기도 어렵다. 그렇다면 초기 자본도 많이 들지 않으면서 잘 되었을 때 관리도 특별히 필요하지 않은 부업은 없을까? 지금 소개하는 레드버블이 그중 하나의 답이 될 수 있다.

　　레드버블RedBubble은 대표적인 POD 방식의 부업이다. POD Print On Demand란 주문 제작을 겸한 특수한 형태의 위탁 판매 시스템인데,

레드버블과 같은 POD 풀필먼트 플랫폼fulfillment platform 업체에서 제공하는 별다른 디자인이 없는 기본 제품에 자신이 디자인한 이미지를 더해 새로운 제품을 만들어내는 방식이다. 고객이 레드버블에서 자신이 디자인한 제품을 주문하면 레드버블이 제품을 제작 후 배송을 진행한다. 그리고 레드버블은 마케팅을 비롯해 재고 및 고객관리까지 담당한다. 즉, 디자인을 제외한 제품과 관련된 모든 절차를 레드버블에서 맡는 것이고, 우리는 판매 금액에서 일부 수수료를 받게 된다.

레드버블 활용하기

먼저 디자인을 준비해야 한다. 어떤 디자인이 담긴 제품을 만드냐에 따라 제품의 판매량이 달라진다. 똑같은 형태의 옷이라고 해도 디자인의 차이가 판매량에 영향을 미친다. 전문적인 디자인 스킬을 가지고 있다면 좋지만, 뛰어난 전문성이 없어도 괜찮은 디자인 작업이 가능하다. 시대가 발전하면서 디자인을 잘 모르는 사람도 쉽고 간단하게 작업할 수 있는 디자인 툴이 많이 생겼다.

레드버블 홈페이지

캔바 디자인 진행 과정

　　나는 다양한 디자인 툴 중에 캔바를 권장한다. 구글에서 캔바
Canva를 검색하면 사이트www.canva.com를 확인할 수 있는데, 홈페이지
에서 개인정보를 입력하여 가입을 진행하면 된다. 캔바 사용 유무를
물을 때 개인을 선택하면 다양한 디자인을 사용할 수 있는 '캔바 프
로' 사용 유무를 묻는다. 캔바 프로는 30일 동안 무료로 쓸 수 있고 캔
바 프로가 아니더라도 기본적인 툴은 사용 가능하다.

　　메인 화면에서 검색란에 '티셔츠'라고 입력하면 티셔츠 관련 디
자인을 진행하는 창으로 이동한다. 그리고 화면 왼쪽에서 마음에 드
는 템플릿 하나를 클릭하면 선택한 디자인이 적용된다. 이때, 이미지
저작권은 중요한 부분이기에, 직접 제작한 이미지나 스스로에게 저

작권이 있는 사진 등을 사용해야 한다. 캔바에서는 디자인에 기본으로 있는 영어 문구를 자신이 원하는 문구로 수정이 가능하다. 전체적으로 수정이 완료되면 오른쪽 상단의 다운로드를 누르면 된다. 여기까지 진행하면 디자인이 완성된다. 디자인 전문 기술이 없어도 아주 간단하게 할 수 있다. 전문적인 기술이 접목되면 좋지만, 처음에는 시도의 개념으로 두고 디자인 완성에 집중해야 한다.

디자인이 완성되면 구글에서 레드버블www.redbubble.com을 검색한다. 외국 사이트인 만큼 영어로 되어 있으나, 크롬에서는 마우스 오른쪽 버튼을 누르면 '한국어로 번역'기능이 있다. 그리고 화면 오른쪽 상단에서 가입하기를 진행하면 된다. 다음은 아티스트 등록을 선택 후 세부사항을 등록하면 된다. 가입이 완료되면 오른쪽 상단의 '새로운 작업 추가'를 클릭하고 '새로운 작품 업로드'를 누른 후 캔바에서 작업한 이미지를 업로드하면 된다.

이 때, 이미지와 관련한 제목, 태그, 기술도 입력할 수 있다. 기술은 특별하게 정해진 문구가 없고, 자신이 원하는 멋진 문구를 입력하

레드버블 디자인 진행 과정 1

194

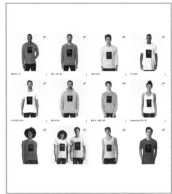

레드버블 디자인 진행 과정 1

면 된다. 단, 제목이나 태그에 유명 상표를 넣으면 안 된다. 레드버블에서 여러분의 디자인을 정품으로 인정하지 못해 계정을 정지시킬 수도 있다.

입력이 완료되면 기본 셔츠, 민소매, 드레스 등 디자인이 적용된 다양한 제품 시안을 확인할 수 있다. 화면에서 활성화 안 된 물품은 편집을 눌러 색상과 크기를 원하는 대로 편집할 수 있다. 화면 오른쪽에 톱니바퀴 모양의 '설정'을 눌러 활성화 버튼을 클릭한다. 편집이 완료되면 변경 승인을 누르면 된다. 고객 대상을 '누구나'로 체크하면 실제 모델에게 디자인이 입혀진 옷을 비롯해 컵, 에코백 등 다양한 제품을 확인할 수 있다.

돈을 입금 받으려면 한 가지 절차를 거쳐야 하는데, 레드 버블 같은 외국 사이트는 한국 은행계좌로 돈을 받지 못한다. 한국 계좌로 돈을 받는 절차를 페이팔paypal에서 진행할 수 있다. 구글에서 페이팔을 검색한 후 페이팔 홈페이지www.paypal.com에서 회원가입을 진행한다. 페이팔로 구매하기와 결제받기가 나오는데, '결제받기'를 선택한

페이팔 진행과정

다. 용도를 선택 후, 비즈니스 계정 등록을 위한 이메일을 입력해야
한다. 이후 개인정보를 등록하면 가입이 완료된다. 그 다음 화면의 오
른쪽 상단 위에 톱니바퀴 모양의 아이콘을 누른 후 '자금, 은행 및 카
드'-'새 은행계좌 연결'을 적용하면 된다.

다시 레드버블 사이트로 돌아와서, 화면 상단 '상점을 열려면 결
제 세부 정보를 완료하세요.'에서 개인정보를 입력 후 이메일 확인 인

증을 진행하면 된다. 지불 통화는 달러를 선택 후 페이팔 계정 확인을 진행한다. 그리고 정해진 절차에 따라 페이팔 연동을 진행하면 출금 절차가 마무리된다.

디자인이 완성된 후 짧으면 10분 안에 이 모든 절차가 끝이 난 다. 우리는 캔바에서 하나의 디자인을 완성했을 뿐인데, 46개의 제품 이 레드버블에 등록되었다. 제품별 마진을 조정하고 싶다면 '아티스 트 도구'-'제품 가격'에서 수정이 가능하다. 화면에는 제품명을 비롯 해 소매가격, 마진 등을 확인할 수 있다.

물품이 판매되기 위해서는 홍보를 진행해야 한다. 레드버블에 서 마케팅을 진행하지만, 제품들이 워낙 많다보니 판매자별로 모두 공평하게 노출시켜주긴 현실적으로 불가능하기 때문에 자체적으로 제품을 홍보해야 된다. 디자인한 제품은 자신의 SNS에서 올려도 되 며, 조금 더 효과적인 홍보를 위해서 핀터레스트를 추천한다.

핀터레스트 가입 방법

구글에서 핀터레스트를www.pinterest.co.kr 검색 후 가입을 진행한다. '비 즈니스 계정 만들기'를 통해 세부사항을 입력한다. 비즈니스 이름은 레드버블의 shop 이름을 적고, 웹사이트는 레드버블 내 shop 주소를 적으면 된다. 주소는 레드버블 사이트 오른쪽 상단 아이콘에서 view shop을 누르면 URL 형태로 확인할 수 있다. 브랜드 업종은 패션, 브 랜드 설명은 온라인 소매를 선택한다. 가입한 이메일에서 핀터레스 트 인증 메일을 확인할 수 있는데 그곳에서 '아이디어 공유하기'를 누 르면 한 화면을 확인할 수 있다. 화면 아래쪽에 있는 '사이트에서 저

핀터레스트 화면

장'에서 레드버블 내 제품 주소를 입력 후 화살표를 누르면 웹사이트에 있는 이미지를 확인할 수 있다. 디자인을 모두 선택 후 오른쪽에 있는 '핀 6개 추가'를 누른다. 제목과 태그를 입력한 후 '보드 만들기'에서 보드의 제목을 입력하면 자기 디자인이 핀터레스트에 등록된다. 누군가 이미지를 클릭하면 바로 레드버블 쇼핑몰로 연동된다.

단순히 1개의 디자인으로 수입이 발생한다는 생각은 욕심이 될 수 있다. '캔바에서 디자인-〉 레드버블 사이트에 디자인 등록-〉 핀터레스트에서 홍보'를 하나의 사이클로 여겨야 한다. 매일 1개의 디자인은 등록한다는 생각으로 최소 3개월은 진행해야 한다. 제품의 수가 느는 만큼 다른 사람이 내 제품을 클릭할 확률도 높아진다. 그동안 디자인에 대한 안목도 좋아질 수밖에 없고, 그렇게 꾸준히 하다보면 자연히 수입도 늘어날 수밖에 없다.

8

POD 부업으로
월급 외 수익 만들기

앞서 소개한 레드버블과 같은 POD 형태의 부업을 두 가지 더 소개하겠다. 전반적인 틀은 비슷하나, 세부적으로 다르게 진행하는 부분이 있다. 두 가지 모두 자동형 부업으로 하루에 20분 미만의 시간을 투자하여, 디자인 및 마케팅 역량에 따라 월급 외 수입을 창출할 수 있다.

1. 티스프링

레드버블과 함께 대표적인 POD 풀필먼트 플랫폼 업체이다. 고객이 티스프링을 통해 자기가 디자인한 제품을 주문하면 티스프링에서 제작 후 배송을 진행한다. 재고 및 고객관리도 티스프링에서 진행하지만, 레드버블과는 달리 마케팅은 별도로 이루어지지 않는다. 우리는 제품별 판매 금액에서 일부 수수료를 받게 된다.

구글에서 티스프링을 검색 후 홈페이지www.teespring.com에서 가입을 진행한다. 외국 사이트인 만큼 영어로 진행된다. 대부분 쉽게 해석할 수 있지만, 영어가 부담스럽다면 앞선 목차에서 소개했듯 크롬에서 한국어 번역기능을 활용할 수 있다. 단, 사이트가 한국어로 번역되어도, 입력은 영어로 해야 한다. 개인정보를 입력 후 상점명을 등록하면, 제품 선택 창을 확인할 수 있는데 옷, 마스크, 디지털 파일 등 다양한 물품을 판매한다는 걸 확인할 수 있다.

화면에서 아래로 내려오면 다양한 디지털 파일을 디자인할 수 있어, 다양한 제품을 자체 디자인 툴로 만들 수 있다. 수많은 물품 중에 자신이 원하는 형태의 제품을 클릭 후 디자인 작업을 진행하면 된다. 기본으로 제공되는 디자인 툴에서 자신이 원하는 이미지와 글귀를 넣을 수 있다. 이미지는 무료 디자인 툴에서 직접 디자인 후 이미지를 삽입시켜도 되며, 자신이 찍은 사진을 등록해도 된다. 조금 더 멋진 이미지를 넣고 싶다면 픽사베이pixabay 사이트를 추천한다. 픽사베이에서 원하는 단어를 검색하면 단어와 관련한 수많은 이미지가 나오는데 그중 원하는 이미지를 클릭 후 화면 옆에 '상업적 용도로 사용, 출처 안 밝혀도 됨'이 확인되면 디자인에 반영할 수 있다. 다만, 픽사베이 이미지라고 하더라도, 원본 이미지는 기존에 누군가가 이미 등록했을 수 있기 때문에, 색상과 형태를 변형하여 사용하는 걸 추천한다. 남이 등록한 것과 똑같은 것을 등록하면, 계정이 정지되거나, 해당 상품이 삭제될 수 있기 때문이다. 가장 좋은 건 내가 직접 만든 이미지를 사용하는 것이다.

티스프링 디자인 툴에서는 제품의 색상을 변경할 수 있다. 앞뒷면이 존재하는 제품이라면 앞면과 뒷면 모두 디자인을 다르게 할 수 있고, 미리보기 기능을 통해 이미지를 미리 확인할 수 있다. 유튜브의 섬네일과 같다고 보면 된다. 제품에는 기본 가격이 명시되지만, 직접

티스프링 디자인 진행 화면

가격을 수정할 수도 있다. 소비자 가격의 변동에 따라 실제 우리가 받는 수수료가 달라진다. 미국은 달러로, 유럽은 유로로 적용된다.

디자인이 완료되면 제목과 제품에 대한 설명을 직접 입력할 수 있다. URL은 자동으로 입력된다. 전체적으로 완료가 된 후 제품 등록을 누르면 디자인한 제품이 티스프링에 등록된다. 왼쪽 하단에 톱니바퀴 모양의 아이콘인 '설정'에서 페이팔 이메일 주소를 입력하면 수익을 정산 받을 수 있다. 페이팔 가입 방법은 앞의 파트에서 다뤘으니 참고하길 바란다.

티스프링도 레드버블과 마찬가지로 자신의 상품이 완료되었다고 하여 물품이 바로 판매되지는 않는다. 개인 SNS를 비롯해 앞서 언급한 핀터레스트에서 추가 홍보를 진행해야 한다. 진행방식은 동일하며 비즈니스 이름과 웹사이트에 티스프링 관련 이름과 URL 주소를 등록하면 된다. 핀터레스트에서 누군가 자신이 디자인한 제품의 이미지를 클릭하면 티스프링 쇼핑몰로 연동된다. 티스프링은 별도의 마케팅이 없지만, 마케팅만 잘 이루어지면 레드버블보다 판매 효과가 더 좋다고 알려져 있다.

2. 스프레드샵

스프레드샵은 기존에 소개한 레드버블, 티스프링보다 전체적으로 더 간단한 툴을 제공한다. 온라인 쇼핑몰에 대한 개념 자체가 부족한 사람도 쉽게 접근할 수 있는데, 구글에서 Spreadshop을 검색하면 홈페이지www.spreadshop.com를 확인할 수 있다. 영어는 크롬에서 한국어 번역 기능을 활용하면 된다. 메인 화면에서 상점 열기를 누르면 나라별 국기와 함께 도메인 선택이 나오는데 일반적으로 많이 사용하는 닷컴(.com) 형태인 미국을 선택하면 된다. 이후 가입 절차를 통해 자신의 개인정보를 등록하면 된다.

화면이 바뀌면 자신이 원하는 이미지 및 사진을 등록할 수 있다. 캔바나 미리캔버스에서 디자인해도 되며, 자신이 찍은 사진을 등록해도 된다. 픽사베이, 언스플래시unsplash, 프리큐레이션freeqration 등의 무료 이미지 제공 플랫폼에서 멋진 사진과 이미지를 다운받아서 사용해도 된다.

이미지를 업로드하면 이미지가 적용된 수많은 제품 목록을 확인할 수 있는데, 이미지 왼쪽 상단에 모든 이미지 활성화하기를 클릭

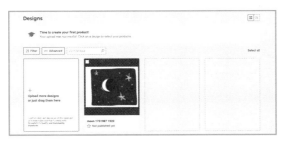

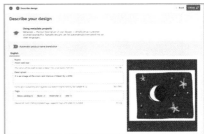

스프레드샵 디자인 진행 화면

하면 화면에 선택이 안 된 다른 제품도 확인할 수 있다. 활성화되지 않은 제품을 눌러서 활성화해주면 그 제품에도 디자인이 적용된다. 디자인 작업이 완료되면 세부사항에 디자인의 이름, 설명, 관련 키워드를 등록하면 된다.

다음 화면에서는 쇼핑몰의 상단에 보이는 상점 명을 등록할 수 있다. 화면에는 가입할 때 등록했던 아이디로 되어 있는데 다른 텍스트로 바꿔도 되며, 사용 가능한 로고가 있다면 로고를 올려도 된다. 뿐만 아니라 색상 변경을 통해 쇼핑몰의 색상도 변경할 수 있다.

화면의 왼쪽 상단에서 온라인 버튼을 누르면 스프레드샵 온라인 몰 관련 세부사항을 등록할 수 있다. 이후 자신만의 온라인 쇼핑몰이 확인된다. 확인 후 소비자가 제품별 색상 및 사이즈를 선택 후 구매가 가능하다.

대시보드 화면

홈페이지에서 로그인을 진행하면 두 개의 선택지가 뜬다.

그중에서 'North America/Oceania'를 선택하면 쇼핑몰 대시보드를 확인할 수 있다. 여기서는 1일 50회까지 디자인 별 제품 업로드가 가능하다. 왼쪽 하단에 있는 상점 모양 아이콘을 누르면 등록한 쇼핑몰의 이미지를 확인할 수 있으며, 상점 정보 및 가격 등 변경이 가능하다. 스프레드샵은 '마케팅'을 통해 개인 SNS와 핀터레스트에 상품 공유가 가능한 이점이 있다.

수익을 페이팔로 출금하려면, 페이팔과 연동해 놓아야 하는데, 대시보드 화면의 왼쪽 하단에서 사람 모양 아이콘을 클릭하면 된다. 그 후 지불 데이터를 눌러서 활성화한 뒤에 페이팔 계정 정보를 입력하면 완료된다.

POD 형태의 부업은 제품이 적어도 1개가 판매될 때까지 매일 최소 1개의 신제품을 업로드한다는 생각으로 접근해야 하고 디자인에 대한 안목을 늘려야 한다. 디자인 실력이 좋아지고, 제품 수가 계속해서 늘어난다면 자동형 부업 시스템을 구축하여 일정 수입을 창출할 수 있다.

9

하루 10분 설문 조사로
용돈 버는 방법 6가지

사람들은 누구나 할 것 없이 늘 바쁜 삶을 살아간다. 하루에 1시간조차 자기만을 위한 시간이 없다고도 한다. 이처럼 빡빡한 삶에서 하루에 1시간 정도를 소비하여 부업을 진행하기란 참으로 힘들다.

이번 파트에서는 그런 사람들을 위한 맞춤용 부업을 소개하려 한다. 하루에 딱 10분 정도만 시간을 투자하면 된다. 그리고 대부분 휴대폰으로 진행하는 부업이기에 언제 어디서든 할 수 있다.

이번 부업은 휴대폰으로 설문 조사에 참여하여 포인트를 받는 방식이다. 이 포인트는 현금화가 가능하다. 설문 조사에 참여하는 것만으로도 포인트를 제공하는 이유는 설문 조사에서 나온 다양한 의견을 바탕으로 기업 및 기관에서 정책을 수립할 때 여러 도움을 받을 수 있기 때문이다. 특별한 기술이 들어가지 않는데다가, 10분의 시간을 투여하는 만큼 많은 돈을 벌기는 어렵다. 그래도 좋아하는 사람과 맛있는 음식을 사먹을 정도의 용돈벌이는 충분히 가능하다.

1. 엠브레인 패널파워

엠브레인은 1998년부터 시작한 국내 리서치 사이트고 현재 코스닥에 상장되어 있을 만큼 내외적으로 인정받은 회사다. 개인정보보호 우수 사이트 인증을 받기도 했다. 사용 방법은 다음과 같다. 구글플레이나 앱스토어에서 '엠브레인 패널파워'를 검색 후 설치를 진행한다. 설치 후 휴대폰 인증을 시작으로 회원가입을 진행하면 된다. 상세정보를 입력하면 가입한 이메일에서 추가 인증을 진행하게 된다. 그리고 이메일에서 정회원 인증하기를 누른 뒤 '조사 참여하기'를 확인하면 되는데 조사에 참여한 것만으로도 400원을 지급한다. 월말에는 10명을 추첨하여 적립금 5,000원을 지급하기도 한다.

어플 메인화면에서 로그인을 진행하면 이메일에서 진행한 조사를 제외하고도 가입감사조사1, 가입감사조사2, 패널기초조사가 있다. 이 조사에 참여하면 각각 200원, 300원, 1,600원의 보상을 진행한다. 이 밖에도 국민인식조사, 소비자 조사 등 다양한 온라인 설문 조사가 있다. 대부분 시간 대비 금액 보상이 진행되며, 일반적으로 최소 50원에서 최대 5천 원까지 적용된다.

엠브레인 패널파워의 진가는 화면 하단에 있는 '좌담회' 메뉴에 있다. 자영업자 좌담회, 건강관리 어플 관련 좌담회 등 오프라인·온라인 좌담회에 참석해 설문 조사를 하면 최소 3만 원부터 최대 10만 원까지 적용된다. 비슷한 형태의 다른 사이트와 비교했을 때 개별 가격이 가장 높은 편에 속한다. 단, 오프라인 좌담회는 대부분 엠브레인

엠브레인 좌담회

본사에서 진행되는 만큼 서울, 수도권 거주자에 한하여 진행될 때가 많다. 보상에 대한 입금은 다음 날 저녁 6시까지 진행된다. 패널파워에서 받은 돈은 3,000원 이상부터는 상품권, 10,000원 이상부터는 현금으로 이체할 수 있다.

2. 오베이

오베이는 설문 조사 어플의 고전으로 볼 수 있다. 구글플레이나 앱스토어에서 '오베이'를 검색 후 설치를 진행한다. 설치 후 휴대폰 인증을 시작으로 회원가입을 진행하는데 개인정보를 입력하면 가입이 완료된다. 가입만으로도 500원의 보상을 받는다.

오베이 제휴 설문

오베이에서 자체적으로 제공하는 오베이 설문과 기관, 학계, 기업 등 오베이 제휴 단체에서 진행하는 제휴 설문이 있다. 외국계 회사의 설문 조사도 종종 포함되는데, 번역에서 일부 오류가 발생하여 어색한 문장이 있을 수 있다. 오베이 설문보다는 대부분 제휴 설문으로 진행되는데, 화면 하단에 있는 '설문 참여하기'를 통해 설문을 진행할 수 있다. 설문 조사 후 별점을 비롯한 평가를 작성하면 소액의 보상을 제공한다. 적립된 오베이 머니는 '오베이샵'에서 현금으로 환급하거나 상품권, 편의점 기프티콘 등으로 변경할 수 있다.

3. 패널나우

구글플레이나 앱스토어에서 '패널나우'를 검색 후 설치를 진행한다. 설치 후 개인정보를 입력하여 회원가입을 하면 된다. 상세정보를 입력하면 가입한 이메일로 인증번호를 확인할 수 있고, 인증번호를 확인하면 회원가입이 완료된다. 휴대폰으로 인증하면 100p의 보상을

패널나우 주요 화면

제공하며, 패널 인증이 완료되는데, 금액은 1p당 1원으로 생각하면 된다. 화면 하단의 '이벤트'를 누르면 현재 진행 중인 다양한 이벤트를 확인할 수 있다. '퀵서베이'를 누르면 투표를 통해 3p씩 받을 수 있으며, '설문 조사'를 누르면 설문에 참여하여 해당 포인트를 받을 수 있다. '포인트 내역'에서 포인트를 확인할 수 있으며, 2,000포인트부터 현금으로 교환할 수 있다.

4. URX

URX는 YouR eXperience의 줄임말로써 '여러분의 소중한 경험을 듣겠다.'는 회사의 의지가 담긴 표현이다. 기존에 URX는 대부분 PC(www.urx.co.kr)로 진행했으나, 현재는 모바일용 어플로도 진행이 가능하다. PC에서 진행 시 개인정보를 입력하여 회원가입을 진행하면 된다. 컴퓨터든, 모바일이든 회원가입 후 로그인을 하면 500점의 포인트를 제공한다. PC 화면 상단 '설문 조사'에서 설문을 진행하여 포인트를 적립할 수 있다. 포인트는 10,000점부터 현금으로 환급이 가

URX 몰 화면

능하며, 당월 1일부터 말일까지의 이체신청은 다음 달 12일에 일괄 처리된다. 뿐만 아니라, URX Mall에서 카페, 편의점, 각종 상품권 등으로 교환도 가능하다.

5. 서베이 링크

설문 조사 부업 중 가장 널리 알려진 어플 중 하나다. 구글플레이나 앱스토어에서 '서베이 링크'를 검색 후 설치를 진행하면 된다. 개인 정보를 입력 후 휴대폰 인증을 통해 회원가입을 진행할 수 있다. 가입 시 설문을 진행하면 보상으로 50포인트가 지급된다. 서베이 링크의 설문은 다른 업체와 제휴하는 설문 조사가 많아, 다른 설문 조사보다 유입건수가 많은 편에 속한다. 이 밖에도 좌담회, 링크챌린지, 출석체크 등 다양한 방식으로 포인트를 지급한다. 그중 링크챌린지 LinkChalleng는 습관을 만드는 프로젝트다. 습관을 만들고자 동기부여에 참가 포인트를 배팅하며, 기간 종료 시 결과에 따라 포인트를 차등 지급한다. 기존의 설문 조사 형태와는 달리 색다른 방식으로 다양하게 진행되는 만큼 설문의 새로운 묘미를 느낄 수 있다.

서베이 링크 화면

서베이 링크의 차별화된 특징으로 회원 등급제가 있는데, 회원 등급이 높으면 설문 유입 건수도 많아지고 보상금액도 높아진다. 일반, 실버, 골드, VIP로 나뉘며 VIP가 되면 포인트 5%를 추가 지급한다. 등급을 높이는 가장 효과적인 방법은 설문이 없어도 출석을 매일 하는 것이다. 포인트는 5,000점 이상이 되면 현금으로 환급이 진행되며, 매달 10일에 출금이 가능하다. 서베이링크는 아파트 홈서비스 플랫폼인 '아파트아이'와 제휴를 맺고 있다. 서베이링크 포인트로 아파트아이에서 관리비를 대신 지급할 수도 있다.

6. ySense

ySense는 앞서 언급한 5가지와는 다르게 해외 사이트다. 그렇기에 입금 계좌를 연동하려면 먼저 페이팔 가입을 진행해야 한다. 페이팔 가입은 앞선 POD 관련 부업에서 자세히 언급해놓았다.

구글에서 ysense를 검색하면 사이트www.ysense.com를 확인할 수 있다. 메인 화면에서 페이팔 가입할 때 등록한 이메일 주소를 입력하여 로그인을 진행한다. 이름을 등록한 후 개인정보 확인 승인을 누르면 이메일로 링크가 전송된다. 이메일 승인이 완료되면 설문조사 참

ysense 설문 달러 확인 화면

여가 가능해진다.

　화면 왼쪽에 있는 'Unlock surveys'의 설문조사를 통해 수익을 얻을 수 있다. 설문이 완료되면 각 설문조사로 받을 수 있는 달러도 함께 확인할 수 있다. 만약 'sorry' 표시가 되면 수익금을 얻지 못할 수 있으니 확인이 필요하다. 수익금이 10달러를 넘어가면 화면 상단 메뉴의 'Cashout'-'PayPal'을 클릭해서 ysense에서 얻은 금액을 페이팔로 보내어 현금화할 수 있다. ysense에서는 설문 말고도 'Offers'메뉴에서 게임하기, 어플 다운로드 등 다양한 방식을 통해 달러 획득이 가능하다.

10

라우드소싱으로
수익 창출하기

이번에 소개할 부업인 라우드소싱은 기존의 3가지 부업 형태와는 다른 응모형이다. 꾸준함이 없어도 번뜩이는 아이디어만 있으면 적게는 20~30만 원, 많게는 수백만 원의 수익을 얻는 게 가능하다.

콘테스트 이해하기

라우드소싱을 위해선 먼저 콘테스트에 대한 개념 이해가 필요하다. 일반적으로 제품·서비스를 기획할 때 필수로 들어가야 하는 2가지 부분이 있다. 바로 네이밍과 디자인이다. 제품·서비스 브랜드를 고객에게 오래도록 각인시키려면 대중적이면서도 색다른 느낌을 주는 네이밍과 디자인이 필요하다. 보통 조직 내에서 아이디어 공유를 통해 결과물을 창출하지만, 가끔 외부의 도움을 받기도 하는데, 큰돈을 들여 전문가에게 맡기기도 하지만, 공모전 형태의 콘테스트를 개최해서 전문가부터 비전문가까지의 아이디어를 모집·검토하기도 한다.

라우드소싱 메인 화면

그리고 기업은 좋은 아이디어를 제공하는 사람에게 아이디어에 걸맞은 적절한 보상을 제공한다.

라우드소싱은 콘테스트 플랫폼이다. 네이밍과 디자인을 원하는 기업이 라우드소싱에 콘테스트를 요청한다. 사람들은 라우드소싱 홈페이지에서 기업별 콘테스트를 확인한 후 맞춤용 아이디어를 제공한다. 로고, 네이밍, 제품, 웹배너, 캐릭터 등 카테고리는 다양하게 준비되어 있다. 수많은 공고 중에 나에게 어울릴 만한 콘테스트를 확인하여 접근하면 된다.

아이디어가 채택되면 최소 30만 원부터 최대 800만 원까지 보상을 지급한다. 일반적으로 제품의 네이밍은 30만 원가량이며, 대기업 및 관청의 CI/로고는 500만 원 이상으로 책정된다. 최근에 진행한 롯데건설 창립 60주년 기념 엠블럼 디자인의 총상금은 1,700만 원이었으며, 남양주시 CI 공모전의 1등 상금은 800만 원이었다.

전문 카피라이터나 디자이너가 콘테스트 1등의 영예를 손에 쥘 것 같지만, 꼭 그렇지만은 않다. 디자인은 전문성이 필요할 수 있으나, 적어도 네이밍의 영역은 누구에게나 나올 수 있다. 금액이 많을수록 경쟁이 심하지만, 일반적으로 한 콘테스트에 20~40명 정도의 인원이 응모한다. 한 콘테스트에 1명당 3번의 응모가 가능하므로 100명이 응모했다고 해도 실제 응모자는 33명일 수 있다.

학창 시절에 공모전을 많이 해본 사람이라면 이런 콘테스트 방식이 익숙할 수 있지만, 그렇지 않다는 사람이 많을 수 있다는 가정 아래 한 가지 실제 사례를 들어보겠다. 예전에 비에스코리아에서 의자형안마기, 족욕기, 발마사지, 좌훈기의 네이밍 콘테스트를 열었는데 상금은 70만 원이었으며, 7일 동안 84명이 참여했다. 경쟁률이 84:1로 볼 수 있으나, 인당 3번씩 신청했다면 28:1로도 볼 수 있다. 우승작의 네이밍은 '풀리지오'였다. 네이밍에 따른 설명에는 '피로가 풀리니 건강하고, 건강하니 활력이 넘치고, 활력이 넘치니 매사에 긍정적으로 변해 삶이 잘 풀린다는 의미를 담은 생활 건강가전'으로 명시되어 있었다. 네이밍이 복잡하고 어렵지 않으면서도 제품의 특징을 잘 나타내었다고 볼 수 있다. 이처럼 기업의 콘테스트 특색에 맞게 제품·서비스 네이밍을 지어 수익을 만드는 것이다.

라우드소싱 시작하기

구글에서 라우드소싱을 검색하면 홈페이지www.loud.kr를 확인할 수 있다. 이메일 혹은 카카오톡 계정과 연계하여 회원가입을 진행하면 된다. 이메일 인증을 완료하고 약관에 동의하면 가입이 완료된다. 메인 화면으로 돌아와서 의뢰자 회원, 디자이너 회원, 기존 회원 중 '디자

카테고리 화면

이너 회원'을 선택한다. 휴대폰 인증과 포트폴리오 URL(아이디)을 입력하면 본격적으로 라우드소싱을 진행할 수 있다.

화면 상단의 메뉴 중 '콘테스트' – '진행중 콘테스트'를 클릭하면 왼쪽에서 카테고리를 확인할 수 있다. 자신의 전문성을 살릴 수 있는 영역이 있다면 그 항목을 선택하면 된다. 만약에 그렇지 않다면 가장 접근성이 편한 '네이밍·아이디어'를 선택한다. 기본 정렬을 진행해도 되며, 전략적으로 최신등록 혹은 참여자 순으로 확인해도 된다.

참여 콘테스트를 결정했다면 상금을 획득하기 위해 좋은 네이밍을 준비해야 한다. 가장 우선으로 확인해야 할 부분은 콘테스트 의뢰내용이다. 회사명, 서비스 설명, 모바일 유무 등을 비롯해 네이밍에 요구되는 아이디어의 기본적인 틀을 제공한다. 예를 들어 '회사의 이름과 연계성, 밝고 젊은 감각, 심플하면서도 가볍지 않은 이름, 영어를 사용하되 너무 억지스럽지 않음' 등이 기본적인 틀이다. 그리고 조건을 검토한 후 콘테스트를 의뢰한 회사를 확인해야 한다. 라우드소

싱에 콘테스트를 의뢰하는 단체들은 대부분 홈페이지 형태의 플랫폼
을 가지고 있다. 각각의 홈페이지에서 회사의 이념, 비전, 최근의 업
데이트 된 내용들을 확인하면 네이밍을 하는데 큰 도움이 된다.

네이밍 참고 이미지

브랜드 네이밍 기법

그럼에도 이름이 쉽게 떠오르지 않는다면 브랜드를 네이밍하는 9가
지 기법을 참고하면 좋다.

❶ '애플'처럼 기존에 있는 단어를 그대로 사용하는 방법이다. 대중에
게 각인되기 좋다는 장점이 있으나, 도메인과 상표권의 문제가 발
생할 수 있다는 단점이 있다.

❷ '칼로리+발란스'처럼 영어+영어, 한글+영어, 한글+한자 등 2개 이
상의 단어를 연결하는 방법이다. 다양한 형태의 단어로 변형이 가
능하나, 다른 언어일 경우 어색하게 느껴질 수도 있다.

❸ '디카', '셀카'처럼 기존에 있는 단어 중 불필요한 단어를 제외하여
명칭을 새롭게 탄생시킨다.

❹ Korea Can DO를 새롭게 조합한 SUV 코란도Korando처럼 여러 단

어를 조합시킨다.

❺ Bright와 Light를 조합한 후 생략하면 Brite가 되듯이 2개 단어를 조합해 같은 발음을 생략하는 방법이다.

❻ 미스터피자, 닥터자르트처럼 브랜드 이름을 의인화시킨다.

❼ 올리브영Olive Young은 표기에 따라 All Live Young 으로 의미가 표현된다. 이처럼 이중적 의미를 표현하는 방법이다.

❽ 켄터키 프라이드 치킨Kentucky Fried Chicken의 앞 글자만 따서 KFC로 한 것처럼 이니셜로 진행한다.

❾ '눈에 띄네'라는 문장을 발음 나는 대로 기술하면 '누네띠네'가 되는 것처럼 소리 나는 대로 적는다.

9가지 기법에 따라 멋진 네이밍이 만들어졌으면 필수로 거쳐야 할 두 가지 관문이 있다. 완성한 네이밍으로 도메인 등록이 가능해야 하며, 기존의 동일 상호·상표가 없어야 한다. 화면 하단에 '도메인 검색www.domain.gabia.com'에서 도메인 등록 여부를 확인할 수 있으며, '상호 검색www.iros.go.kr'에서 법인 상호를 검색할 수 있다. 상호는 전체 등기소를 선택 후 상호 찾기를 했을 때 존재하지 않아야 한다.

상표는 마크인포www.markinfo.co.kr 에서 확인할 수 있다.

응모할 네이밍이 정해지고 도메인이나 상호·상표에 별다른 문제가 없다면, 화면 하단의 '작품 등록하기'를 눌러 등록을 진행할 수 있다. 주의사항에 관해서 확인 후 'STEP2. 작품 업로드하기'를 누른다. 네이밍 제목과 간략한 작품의 설명을 기재하는 부분이다. 이 때, 도메인과 상호·상표에서 특별한 문제가 없다면 등록 가능하다는 내용을 적어야 한다. 배경 색상은 자동으로 하면 되고, 첨부 파일은 필수가 아니다. 그 후 마지막으로 약관에 동의하면 콘테스트 참여가 완료된다.

디자인 계열의 콘테스트는 한 달 이상의 시간을 부여하지만, 네이밍은 대부분 7일 내에 콘테스트가 마감된다. 매일 다양한 내용의 콘테스트가 올라오니, 시간 날 때마다 확인하여 업로드 되는 작품을 빠르게 파악해야 한다. 한 가지 당첨 팁을 주자면 홈페이지 화면의 '콘테스트'– '종료된 콘테스트'에서 기존에 당선된 작품들을 둘러보길 바란다. 창조의 시작은 카피에서 반영되기도 하니까. 단, 복제는 금물이다.

11

암호화폐를 활용한
용돈 만들기

아무리 시간을 잘게 쪼개도 하루에 30분도 부업에 시간을 투자하지 못하는 사람들이 있다. 하지만 이번에 소개할 6가지 부업은 단 5~10분 정도의 시간만 투자하면 된다. 물론, 시간이 적게 투여되는 만큼 많은 수익을 기대하긴 어렵다. 그래도 최소 1만 원부터 최대 6만 원까지 벌 수 있다.

이 부업의 특징은 암호화폐에 기반을 둔다. 암호화폐는 고위험 투자로 볼 수 있기에 부업과는 일정 거리를 두는 게 맞다. 부업은 수입만큼이나 안전 및 편의라는 가치가 부여되어야 한다. 그런데 이 부업은 암호화폐를 활용하더라도 별다른 리스크가 없다. 이 부업은 각종 어플을 활용해 코인을 무료로 받아 암호화폐 거래소에 판매하여 현금화하는 시스템이다. 단, 지금 이 순간에도 새로운 종류의 코인이 생겨날 만큼 시중에는 수많은 코인이 있으니 업비트, 빗썸, 코인원처럼 큰 거래소에서 정식으로 상장된 코인으로 진행하면 좋다. 비상장된 코인은 개인정보를 비롯해 여러 가지 리스크가 존재한다.

1. 메타코인 현금화

구글플레이나 앱스토어에서 '더폴'을 검색한다. 그리고 뉴스를 보고 여론조사에 참여하면 메타 코인을 지급한다. 메타코인은 '메타디움 META'이란 이름으로 암호화폐 거래소인 빗썸과 업비트에 상장되어 있다.

어플의 메인 화면에서 서베이를 볼 수 있는데, 이 때 서베이의 제목, 참여자 수, 댓글 수, 참여 시 코인 지급 수, 기한이 적혀 있다. 서베이를 누르면 '참여 조건에 해당하지 않아요'라는 문구를 확인할 수 있는데, 바로 옆에 '참여조건 보기'를 눌러 휴대폰 인증을 요청하면 된다. 이후 '인증하러 가기'에서 개인정보를 입력 후 인증 코드를 등록하면 500원 상당의 메타코인을 받는다. 21년 7월 31일 기준, 1META는 업비트에서 129원이므로 약 3.9META를 받을 수 있다. 휴대폰 인증이 완료되면 기존에 참여가 불가능했던 서베이 참여가 가능하다. 주제에 해당하는 설문 내용에 자기 생각을 입력하면 된다. 서베이를 완료하면 보상으로 메타코인을 추가로 받을 수 있다.

더폴에서 받은 코인을 현금화하기 위해서는 암호화폐 거래소를 활용해야 한다. 메타 코인을 취급하는 업비트와 빗썸은 국내에서 가장 큰 암호화폐 거래소다. 우선 구글플레이나 앱스토어에서 '업비트'를 검색 후 설치를 진행하면 된다. 업비트는 카카오톡으로 간편 로그인 진행도 가능하다. 업비트 어플 화면 하단에서 입출금을 확인할 수 있고, 화면 상단의 검색란에 '메타' 혹은 '메타티움'이라고 검색하면 관련 코인을 확인할 수 있다. 입금하기 버튼을 누른 후 휴대폰 본인인증과 개인정보 수집 동의를 하면 입출금을 진행할 수 있는 보안등급이 올라간다. 그 다음 '내 META 입금 주소'에서 '+'버튼을 클릭하여 자기 메타 코인 입금 주소를 확인 후 주소 복사를 진행한다.

더폴 어플에서 하단의 사람 모양 아이콘을 누르면 사용 가능 메타 코인을 확인할 수 있다. 'META 코인을 다른 사용자와 주고 받을 수 있어요'에서 'MEAT 코인 보내기'를 클릭한다. PIN 번호 6자리를 입력하면 메타 코인을 보낼 주소를 입력하는 부분이 나온다. 그 후 보낼 주소에 업비트에서 복사한 코인 입금 주소를 등록 후 보낼 수량을 입력하면 된다. 더폴 어플에서 넘어온 메타 코인을 업

비트 계좌에서도 확인할 수 있고, 업비트에서 메타코인을 매도하여 현금화할 수도 있다.

메타 코인 업비트 진행 화면

2. 핸디코인 현금화

구글플레이나 앱스토어에서 '맞춰볼래'를 검색한다. '맞춰볼래'는 누구나 쉽게 참여 가능한 예측 플랫폼으로서 출석 및 각종 게임으로 핸디 코인을 지급한다. 핸디코인은 '핸디 HANDY'란 이름으로 암호화폐 거래소인 코인원에 상장되어 있다. 코인원은 빗썸, 업비트, 코빗과 더불어 암호화폐 4대 상장거래소로 불린다.

맞춰볼래 어플에서 회원가입을 진행한 뒤, 이메일 인증을 하면 100 핸디를 받는다. 2021년 7월 31일 기준, 1핸디의 시세가 41원이므로 약 4,100원이다. 이메일 인증은 5분의 시간제한이 있으니 빠르게 확인해야 한다. 이메일 인증이 완료되면 휴대폰 인증을 추가로 진행 후 핀코드 6자리를 입력하면 된다. 이후 닉네임까지 등록하면 가입이 완료되어 100 핸디를 적립할 수 있다. 지인으로부터 받은 추천코드가 있다면 추가로 10 핸디를 받을 수도 있다.

맞춰볼래는 두 경우의 수 중에서 예측을 통해 정답을 맞히면 상품을 지급한다. 예측에 성공한 사람은 게임에 산정된 상금을 1/N으로 나눠서 분배받는다. 만약 해당 예측에 성공한 사람이 나오지 않으면 상금은 지속해서 누적된다. 예측 정확도는 랭킹 시스템에 반영되며, 랭커들에게는 추가로 게임에 참여할 기회를 부여받거나 추가 상금을 얻는 혜택이 제공된다. 대신 무분별한 참여를 막기 위해 1일 1회 플레이만 가능하다. 핸디 코인을 현금화하는 방법은 코인원이라는 점을 제외하고는 업비트와 동일하다.

3. 페이코인 현금화

구글플레이나 앱스토어에서 '페이코인'을 검색한다. 페이코인은 2022년 1월 16일 기준, 업비트 BTC마켓에서 '페이코인 PCI'이란 이름으로 1291원에 거래되고 있다. 개인정보 및 상세정보를 입력하여 가입을 진행한다. 지인으로부터 받은 리워드코드가 있다면 추가로 0.5~1페이코인을 받는데, 리워드는 시기 별로 달라질 수 있다.

어플 메인 화면 오른쪽 하단을 보면 '더 보기'가 있는데, 출석체크를 통해 하루에 0.01~0.03 페이코인을 받을 수 있다. 월 개근을 하면 그달에 적립된 페이코인의 2배를 추가 적립할 수 있다. 어플 메인 화면 왼쪽 하단에 'PCI'충전이 있다. 다양한 무료 충전 이벤트가 있으므로 잘 확인하면 좋다. 이 과정을 반복해서 20페이코인을 모으면 업비트나 코인원으로 페이코인을 보내서 현금화할 수 있다. 이때 주의할 점은, 페이코인은 BTC마켓에 상장되어 있다는 것이다. 업비트 내에 있는 BTC마켓에서 페이코인을 비트코인으로 1번 바꾼 다음에, 비트코인을 원화마켓을 통해 원화로 전환하는 형태로 현금화를 해야 한다. 반면, 코인원에서는 페이코인 매도 시 현금으로 바로 바꿀 수 있다.

4. 아하토큰 현금화

구글에서 '아하'를 검색하면 관련 사이트 www.a-ha.io 를 확인할 수 있다. 아하토큰은 22년 1월 16일 기준, '아하토큰 AHT'이란 이름으로 업비트에서 14.40원에 거래되고 있다. 사이트 메인 화면 오른쪽 상단에서 카카오, 네이버, 이메일 중 한 가지를 선택하여 회원가입을 진행하면 된다. 휴대폰 인증까지 진행되면 가입이 완료된다. 회원가입 보상

으로 125아하토큰이 지급되며, 가입 시 첫 질문을 진행하면 15아하토큰을 추가로 받을 수 있다. 메인 화면 오른쪽 상단의 사람 아이콘에서 '계정 설정' - '친구 초대'에서 추천인 코드를 입력하면 자신과 추천인에게 120아하토큰을 추가로 지급한다. 메인 화면 '출석스탬프'에서 출석만 꾸준히 해도 5,000아하토큰까지 적립이 가능하다. 5,000아하토큰부터 업비트에서 현금화할 수 있다.

5. 밀크코인 현금화

구글플레이나 앱스토어에서 '밀크'를 검색하면 밀크 어플을 확인할 수 있다. 이메일 인증을 통해 가입을 진행한 후 핀번호 6자리와 휴대폰 인증을 하면 가입이 완료된다. '밀크코인MLK'은 22년 1월 16일 기준, 업비트에서 1,300원에 거래되고 있다.

밀크는 크게 2가지 플랫폼과 연동된다. 한 가지는 국내 숙박예약 1등 업체 야놀자이다. 구글스토어나 앱스토어에서 '야놀자' 어플

을 설치 후 회원가입을 진행한다. 메인 화면 하단에서 '돈버는 놀럭'을 클릭하면 하루에 5천 명씩 추첨해서 야놀자 코인을 지급한다. 야놀자 코인은 밀크코인으로 바꿀 수 있다. 다른 한 가지는 신세계면세점이다. 밀크 어플 메인 화면에서 신세계면세점과 연결만 해도 3밀크코인을 지급한다. 단, 밀크코인 리워드는 이벤트 시기에 따라, 지급이 코인 액수가

달라질 수 있다.

연결을 시작하면 '연결코드 받기'를 확인할 수 있다. 신세계면세점 모바일용 어플 및 홈페이지에서 '갓 포인트' 메뉴에 모두 동의 후 연결코드를 입력하면 된다. 연동에 성공하면 다음 날 정오에 3밀크코인이 적립된다. 신세계면세점 회원이 아니라면 구글에서 어플을 검색 후 가입이 가능하다. 이 밖에도 밀크 어플에서 출석체크를 진행하면 하루에 0.1 밀크코인을 지급하며, 한 달 개근 시 2밀크코인을 추가로 지급한다. 적립된 코인은 업비트에서 현금화할 수 있다.

6. 힙스코인 현금화

'힙스코인HIBS'은 2021년 7월 31일 기준, 코인원에서 2,800원에 거래되고 있다. 힙스코인은 큐레이션 전문 SNS 플랫폼인 '하블'에서 무료로 코인을 받을 수 있다. 받는 방법은 아래와 같다. 구글플레이나 앱스토어에서 '하블'을 검색한다. 하블은 카카오톡, 페이스북 등 SNS 연동을 통해 편하게 가입이 가능하다. 휴대폰 인증 후 상세정보를 입력하면 가입이 완료된다.

가입 후 하단의 메뉴 중 타임워치 아이콘에서 다양한 챌린지를 확인할 수 있고 챌린지를 진행함으로써 포인트가 적립된다. 또한, SNS 플랫폼인 만큼 상대의 사진에 보팅, 좋아요를 누르거나 받으면 별도의 포인트를 추가로 받을 수 있다. 적립된 포인트는 코인원 거래소에서 현금화할 수 있다.

12

취업 관련하여
나라에서 최대 500만 원
지원받는 법

코로나19로 인해 많은 사람들이 경제적 타격을 입었다. 그리고 정부는 사람들의 경제적 손실을 일부 보완해주기 위해 여러 지원 정책을 펼쳤다. 이런 정책들이 사람들의 마음에 난 상처를 완전히 치료해줄 수는 없었겠지만, 누군가는 큰 도움이 되었을 것이다. 그런데 이번에 정부의 여러 지원제도가 수면 위로 올라오기 전까지 사람들은 '지원제도'에 대한 개념 자체가 부족했다. 내 주위만 둘러봐도 자기에게 해당하는 경제적 지원이 존재하는지 잘 몰랐으며, 알았다고 해도 어떠한 경로를 통해 획득해야 하는지 몰랐다고 말했다. 그들이 어렴풋이 아는 지원제도라고는 전세자금을 비롯한 일부 주거 관련 분야가 전부였었다.

정부와 민간에서 진행하는 지원제도가 생각보다 굉장히 많다. 그러나 부업과 투자를 통해서 재테크를 하는 사람은 많지만 지원 금액을 재테크로 생각하는 사람은 많지 않다. 하지만 자신에게 적합한 지원제도를 잘 활용하여 경제적 손실을 줄임으로써, 상대적으로 수입을 증대시키는 것도 현명한 재테크 방법이라 할 수 있겠다.

이번에 소개할 지원제도 두 가지는 취업·재취업을 준비하는 사람에게 많은 도움이 될 수 있다. 그들에게 가장 현실적으로 필요한 건 금전적인 부분이다. 일정 수준의 돈이 있어야 마음의 여유가 생길 뿐 아니라 취업과 관련한 무언가를 배워서 스펙도 쌓을 수 있다.

1. 국민취업지원제도

고용노동부에서 진행하는 국민취업제도는 2021년 1월 1일부터 시작됐다. 취업이 힘든 사람들에게 취업지원서비스를 종합적으로 제공하며, 저소득 구직자에게는 생계안정 자금을 지원해준다. 일반적으로 '전국민 실업급여제도'라고 하여 예술가, 프리랜서 등 고용이 불안한 사람들이 혜택을 본다고 알려져 있지만, 구직 활동을 준비하는 대부분 사람에게 해당될 수 있다. 사람들이 이 제도를 통해 취업에 성공하면 고용보험에 가입하게 되는데, 지원을 제공하는 정부기관으로서는 장기적으로 고용보험자 수가 증가하는 이점이 발생한다. 고용보험으로 들어오는 금액은 구직자에게 지원 금액으로 다시 돌아가는 선순환 구조가 만들어진다. 생계가 취약한 계층에게도 사회 안전망을 두게 할 수 있는 것이다.

국민취업제도는 1유형인 구직촉진 수급자와 2유형인 취업지원 서비스 수급자로 나뉜다. 일반적으로 1유형과 2유형은 소득과 보유 재산을 기준으로 나뉘는데 유형별로 세세한 구분이 필요하다.

1유형은 요건심사형과 선발형으로 다시 나뉜다. 조건은 나뉘지

만, 6개월 동안 50만 원씩 총 300만 원의 구직촉진수당을 동일하게 지급한다. 이 밖에도 직업훈련, 취업 알선 등의 서비스를 의미하는 취업지원서비스를 제공한다. 요건별 지원 기준은 아래와 같다.

요건심사형: 15~69세 구직자 중 가구 단위 중위소득 50% 이하 & 재산 3억 이하 (18~34세 청년은 4억 이하), 취업 경험 있어야 함(최근 2년 이내 100일 또는 800시간 이상)

선발형: 요건심사형 중 취업경험 요건을 충족하지 못한 사람 (18~34세 청년은 중위소득 120% 이하&취업 경험 무관)

2유형은 기존의 '취업성공패키지'의 업그레이드 버전으로 볼 수 있다. 조건은 나이와 소득별로 나뉘지만, 취업활동비용 및 취업지원서비스는 동일하게 제공한다. 취업활동비용이란 구직활동 시 발생하는 비용 일부를 의미하는데, 2유형에 지원했다면 직업훈련에 참여하여 최대 195만 4천 원의 취업활동 비용을 지원받을 수 있다. 대상별 지원 기준은 아래와 같다.

저소득층: 15~69세, 중위소득 50% 초과 60% 이하, 특정 계층(월 250

만 원 미만 특수형태근로종사자, 영세자영업자 등)

청년: 18~34세

중장년: 35~69세, 중위소득 100% 이하

유형의 상관없이 취업에 성공하면 취업성공수당을 추가로 받을 수 있는데, 1유형은 중위소득 50% 이하, 2유형은 중위소득 50~60% 조건에 해당된다. 나라에서 지원해주는 기간은 기본 12개월이며, 개인 사정에 따라 6개월까지 연장할 수 있다.

고용노동부는 지원제도의 해당 인원을 더 늘리기 위해서 중위소득 60% 이하, 재산 4억 원 이하로 기준을 완화할 방침이다. 또한, 참여자의 구직 의욕과 직무 능력 향상을 위해서 직무 경험 프로그램도 확대하여 진행할 예정이다. 현재 프로그램에는 2,800여 개 기관이 참여하고 있으며, KEB 하나은행, 한국교통안전공단, 국방기술품질원 등 우수 기업과 공공기관도 참여할 예정이다.

이 제도는 올해 상반기에 약 37만 명이 신청했으며, 그중 약 30만 명이 수급 자격을 인정받았다. 특별한 실격 사유가 없다면 여러분도 해당되료소 확률이 높다. 신청 방법은 온라인과 오프라인 모두 가능하다. 온라인은 국민취업지원제도www.work.go.kr에서, 오프라인은 거주지 근처 관할 고용센터에서 신청할 수 있다. 만약 경제적으로 어렵고 위의 조건에 해당한다면 이 글을 읽고 나서 바로 진행해보도록 하자.

2. 국민내일배움카드

고용노동부에서 제공하는 국민내일배움카드는 사람들의 취업을 장려하기 위해 교육비와 학원비 등을 지원해주는 제도다. 미취업자뿐만 아니라 현재 직장에 다니는 직장인도 신청이 가능하다. 실업, 재직, 자영업 여부와는 크게 상관이 없다. 기존에 취업을 장려하는 카드는 실업자 내일배움카드와 재직자 내일배움카드로 나뉘었다. 그런데 2020년부터 국민내일배움카드로 통합되면서 카드를 사용할 수 있는 대상과 혜택이 늘었다. 단, 공무원, 사립학교 교직원, 대학교 재학생, 연 매출 1억 5천만 원 이상의 자영업자, 월 임금 300만 원 이상인 45세 미만의 대기업 근로자 등은 신청 조건에서 제외된다.

원래는 지원금이 200~300만 원이었으며, 유효기간은 1~3년이었지만 현재는 혜택을 늘리면서 개인당 금액은 300~500만 원에 유효기간은 5년으로 바뀌었다. 기존의 취업성공패키지Ⅰ 참여자를 비롯한 저소득계층에게는 최대 500만 원을 지원한다.

카드를 활용하여 들을 수 있는 교육은 지역별로 다르지만, 일반적으로 취업과 연관되는 디자인, 컴퓨터, 외국어, 미용, 회계, 제과제빵, 바리스타 등 다양한 과정이 있다. 만약 오프라인으로 참여가 어렵다면 온라인으로도 가능하다. 교육을 신청할 때는 국민내일배움카드가 적용되는지 미리 확인해야 한다.

하지만 만약 적용이 된다고 하더라도, 모든 교육을 100% 지원하진 않는다. 저소득계층 및 국가기간전략산업직종, 과정평가형 자격과정을 제외한 대부분은 자부담이 필요하다. 자부담 수준은 직종별 취업률 등에 따라 15~55% 차등 부과된다. 취업률이 높은 직종은 상대적으로 자부담 비율이 낮으며, 취업률이 떨어지는 직종은 자부담 비율이 높다. 5%의 자부담이 추가되는 분야는 일반사무, 회계, 요양보호사, 음식조리, 공예, 바리스타, 제과제빵, 미용, 문화콘텐츠 제작, 간호조무사 등이다.

교육을 제공하는 기관과 상담을 거쳐 자신에게 적합한 분야를 선택 후 수강할 수 있다. 지역별 학원들은 취업률을 투명하게 공개하므로 부실 교육은 걱정하지 않아도 된다. 고용노동부는 카드를 활용한 사람들의 취업률을 기준으로 학원에 훈련비를 우대 지원해주는 만큼 학원도 더 많은 신경을 쓸 수밖에 없다.

카드 신청은 가까운 고용노동센터를 방문하거나 온라인에서 '직업훈련포탈 HRD-Net www.hrd.go.kr'을 통해 신청할 수 있다. 홈페이지에서 로그인 후 카드 신청을 진행하면 된다. 관심을 두는 과정을 1개 정도 선택 후 훈련 안내 관련 동영상을 시청해야 하는데, 영상 시청이 끝나면 수강확인증이 발급되며, 카드 발급신청서를 작성할 수 있다. 140시간 훈련을 기준으로 80% 이상 출석하면 소득수준과 실업 여부에 따라 금액을 미리 자선한 계좌로 입금해준다. 카드는 농협카드와 신한카드만 가능하다. 체크카드와 신용카드 중 한 가지를 선택

할 수 있으며, 발급도 우편과 은행 방문 중 택할 수 있다.

　앞에 소개한 2가지 제도 말고도 취업 관련하여 다양한 지원제도가 존재한다. 그런데 취업 관련 지원제도에는 허점이라 부르는 부분이 공통으로 존재한다. 입사가 혜택의 조건이라고 한다면, 취업사이트에 입사지원만 해도 조건에 해당된다는 것이다. 누군가는 그 허점을 악용하기도 한다. 그럼에도 이러한 혜택들은 누군가에게 정말 큰 도움이 될 수 있다. 그러므로 제도 자체의 부족한 부분만 꺼내어 보기보다는 그 제도가 가진 장점을 잘 활용하는 게 중요하다. 대신, 부족한 부분은 계속해서 개선해나가는 작업이 필요하다.

13

나라에서 1,000만 원 지원받는 법

재테크의 기본은 지출을 줄이고 소득을 늘려 빠른 시일 내에 종잣돈을 모으는 것이다. 살 것 다 사고, 먹을 것 다 먹고 해서는 돈을 쉽게 모을 수 없다. 종잣돈을 빠르게 모으려면 부업이 최선이지만, 정부에서 시행하는 좋은 지원제도를 활용하는 것도 현명한 방법이다.

정부의 자산형성 지원 사업의 일환으로 5가지 제도가 있다. 이 5가지 제도는 희망키움통장Ⅰ, 희망키움통장Ⅱ, 청년희망키움통장, 내일키움통장, 청년저축계좌이다. 이 제도들은 빠른 시일 내에 종잣돈을 모으는 데 아주 중요한 역할을 한다. 그중에서 이번 목차에 소개할 2가지는 청년저축계좌와 희망키움통장Ⅱ이다.

1. 청년저축계좌

청년들이 점점 살기 힘들어지는 세상이다. 코로나19로 재정이 힘들어진 기업들은 사람을 잘 뽑지 않으려 하고, 미래의 주거지 가격은 계속 올라가니 누군가에게 내 집 마련은 목표가 아닌 소망으로 여겨지기도 한다. 그러다 보면 빠르게 돈을 모으려 하는 욕심이 생기고, 의도치 않게 고위험투자 혹은 투기의 영역으로 빠져들게 된다. 물론 운이 좋아 돈을 벌 수도 있겠지만, 돈을 잃게 될 확률이 월등히 높다. 투자의 영역에 쉽게 접어들면 절약, 저축 등 재테크의 기본이라 말하는 항목을 등한시하게 되는데, 청년저축계좌 제도는 청년들이 저축으로도 빠른 시일 내에 일정 금액의 종잣돈을 만들도록 도와준다. 현시점에서 정부가 청년에게 제공하는 저축 관련 정책 중 가장 효율적이고 효과적인 정책일 것이다.

청년저축계좌는 일하는 저소득 계층의 청년이 사회에 안착할 수 있도록 자산형성지원 및 자립을 촉진하는, 2020년부터 시작된 제도다. 진행방식은 아주 간단하다. 지정된 은행 계좌에 매달 10만 원씩 저축하면 나라에서 무려 30만 원씩 매달 지원금을 준다. 즉, 매달 40만 원씩 적금이 이루어지는 것이다. 금리는 시중 최고 금리인 3.3%다. 저금리 시대에 어느 은행을 가도 이처럼 높은 금리가 없다. 매달 10만 원씩 3년만 넣으면 원금이 무려 1,440만 원이고, 3년 만기가 되면 자신이 넣은 360만 원은 돌려받는다. 나라에서 지원한 1,080만 원은 근로소득장려금으로 지급된다. 실제로 1,080만 원을 모으려면 매달 90만 원씩 1년을 꼬박 모아야 하는 큰돈이다.

가입조건은 만 15~39세 청년으로 기준중위소득 50% 이하여야 한다. 현재 근로 활동 중이며, 기존에 근로·사업소득이 있는 사람에게 해당된다. 재직증명서나 사업자등록증을 통해서 소액이라도 최근 3개월간 소득이 있어야 한다. 아래 표(2021년 기준중위소득, 가입 및 유지 소득상한 기준)를 보면 1인 금액 기준이 낮다고 생각할 수 있지만,

가입기준에 한한 것이다. 이후에 가입 유지기준의 금액을 넘지 않는다면 자격이 충분히 유지된다.

(단위: 원)

구분	21년 기준 중위소득	가입기준 (소득상한)	유지기준 (소득상한)
1인	1,827,831	913,916	2,788,765
2인	3,088,079	1,544,040	2,788,765
3인	3,983,950	1,991,975	2,778,765
4인	4,876,290	2,438,145	3,413,403
5인	5,757,373	2,878,687	4,030,161
6인	6,628,603	3,314,302	4,640,022
7인	7,497,198	3,748,599	5,248,039

가입 기간은 3년으로 한정하지만, 군입대 적립중지 2년 신청 시 가입 기간은 5년으로 연장된다. 소득요건 충족 시에는 한부모가정, 18세 미만 아동 부양 가구주, 취업 우선지원사업에 해당하면 우선으로 진행할 수 있다. 취업성공패키지를 통해서 취, 창업한 경우에도 가점을 부여받는다.

이처럼 좋은 제도인 만큼 필수 지급 요건도 몇 가지 존재한다. 첫째, 가입 기간인 3년 동안 일을 꾸준히 지속해야 한다. 사회보장급여 확인 조사 시 근로 활동을 하고 있지 않다고 판단되면 금액은 환수조치 될 수 있다. 둘째, 국가공인자격증을 1개 이상 취득해야 한다.

자격증 종류는 한국산업인력공단에서 운영하는 큐넷www.q-net.or.kr에서 참고할 수 있다. 단, 통장 가입 이후 취득한 자격증만 인정한다. 셋째, 연 1회(총 3회) 교육을 이수해야 한다. 온라인교육으로 3회 이수해도 인정된다.

계좌 신청은 1년에 4번 가능한데, 1차(2월 1일~19일), 2차(5월 3일~20일), 3차(8월 2일~19일), 4차(10월 11일~28일)다. 만약 한 해가 지난다면 다음 연도의 공고를 잘 확인해야 한다. 전체 틀은 바뀌지 않을 확률이 높지만, 세부사항은 언제든 변경될 수 있다.

신청은 오프라인으로만 가능하다. 거주지 근처 주민센터에 방문해서 자가진단표를 작성하면 신청에 필요한 몇 가지의 서류를 전달받는다. 그 후 저축동의서, 개인정보 수집·이용·제공 동의서, 금융정보 제공동의서, 근로활동 및 소득신고서 등을 작성한 후 신청하면 된다. 신청자로 선정되면 요청받은 은행에서 통장을 개설 후 입금을 진행하면 된다.

만약 근무하는 곳에서 250만 원의 월급을 받는다고 했을 때, 100만 원씩 3년 동안 저축하면 3,600만 원이다. 그런데 이 제도를 활용하면 총 5,040만 원+이자가 모인다. 금액만큼이나 중요한 건 종잣돈이 생긴다는 경험과 성취인데, 무엇이든 한 가지를 이룬다는 건 다음 단계로 나아갈 힘을 가져다준다.

2. 희망키움통장 II

희망키움통장 II는 청년이 아닌 사람에게도 해당하는 방식이다. 대신 청년저축계좌보다는 지원금액이 조금 적다. 방식은 청년저축계좌와 비슷하다. 여러분이 지정된 은행 계좌에 매달 10만 원씩 저축하면 정부에서 매달 10만 원씩 지원해주고, 3년 뒤에는 자기가 넣은 360만 원에 정부가 지원해 준 360만 원이 더해져 총 720만 원+이자가 된다. 청년저축계좌에 비해 상대적으로 금액이 적을 뿐 사회초년생에게는 큰 금액이다.

가입 대상은 일을 하는 사람 중에 주거·교육 수급가구 및 차상위 계층 가구에 적용된다. 가입 시에는 근로·사업 소득이 기준중위소득의 50% 이하여야 하며, 가입 후 유지 기준을 맞추면 자격이 계속 유지된다. 한부모가정 및 18세 미만 아동 부양 가구주에 우선되며, 1가구 1회에 한하여 지원된다. 보통 2, 5, 8월에 접수가 이루어지나, 관할 읍면동마다 조금씩 시기가 다를 수 있다. 신청 방법은 청년저축계좌와 동일하다.

희망키움통장Ⅱ는 청년저축계좌와 마찬가지로 지원이 지속되려면 적립 기간 중 몇 가지 조건이 필요하다. 첫째, 3년 동안 근로활동을 지속해야 한다. 둘째, 자립역량교육을 3년 동안 총 4회(8시간) 이수해야 하며, 사례관리 상담이 연 2회 이상 완료되어야 한다. 이 때 부득이한 상황 시 적립 중지를 요청할 수 있다. 적립을 해제할 때는 서류를 작성했던 곳에서 동일하게 진행할 수 있다.

중위소득 40%의 기초생활수급자라면 희망키움통장Ⅰ을 신청할 수 있다. 매달 스스로 10만 원을 저축하면, 정부에서 최소 23만 9천 원에서 최대 64만 6천 원까지 매달 지원해준다. 만약 4인 가구라면 3년 뒤에는 2,300만 원 이상의 금액을 받게 된다. 다만, 이 제도는 기초생활수급을 할 정도로 힘든 사람에게 해당하는 만큼 지원 자체가 쉽지 않다.

14

나라에서 30만 원
지원받는 3가지 방법

지원제도에는 일정 기준의 신청조건이 존재한다. 무분별한 지원 신청을 막음으로써 제도의 혜택이 우선 제공되어야 할 사람에게 갈 수 있게 하는 것이다. 일반적으로 가장 큰 제한은 나이와 소득 기준이다. 지원제도의 혜택이 아무리 좋아도 여러분의 손에 잘 쥐어지지 않는 이유다.

하지만 이번에 소개할 3가지 제도는 나이, 소득과 특별한 상관이 없으며, 국민 90% 이상에게 해당될 수 있다. 내용을 확인 후 자기 일상에 잘 적용한다면 매달 20~35만 원가량의 돈을 손에 쥘 수 있다.

1. 탄소포인트제

세계적으로 기상이변이 계속 발생하고 있다. 사람들이 아무렇지 않게 쓰는 수많은 에너지가 자연을 파괴하여 생기는 결과일 것이다. 각 국가는 기후위기에 대응하고자 다양한 노력을 진행 중인데, 개인도 각자의 방식으로 참여가 가능하다. 기상이변이라는 거대한 단어 앞에 평범한 한 개인이 할 수 있는 방법이 마땅치 않아 보이지만, 작은 시도만으로도 많은 부분을 변화시킬 수 있다. 그중 한 가지가 탄소를 줄이는 일이다. 탄소는 온실가스의 주범으로 기후 변화에 큰 역할을 한다. 탄소를 줄이면 온실가스가 덜 발생할 수밖에 없다. 그런데 탄소를 줄이면 돈까지 벌 수 있다. 일석이조 아닐까?

탄소포인트제는 기후위기 대응을 위해 온실가스를 줄이도록 전기, 상수도, 도시가스의 사용률을 절감하고 감축률에 따라 포인트를 발급하는 제도다. 포인트는 현금을 비롯해 상품권, 종량제봉투, 세금 납부 포인트 등 다양한 형태의 인센티브로 전환할 수 있다.

탄소포인트는 1-2년 전에 사용했던 전기, 수도, 가스의 양과 현재 사용량을 비교하여, 절감 비율에 따라 부여된다. 만약, 과거 2년간의 월 사용량이 수집 불가능하면 1년간의 월 사용량을 기준으로 적용한다. 감축률은 5% 이상부터 15% 이상까지 반영되며, 1년에 최대 10만 원까지 현금화 할 수 있다. 4회 이상 연속으로 5% 이상 감축한 사람이 0% 초과~5% 미만 감축률을 유지하면 유지 인센티브(전기 3,000p, 상수도 450p, 도시가스 1,800p)를 지급한다. 감축률에 따라 지급되는 포인트는 아래에서 확인할 수 있다.

감축률	전기	상수도	도시가스
5% 이상~10% 미만	5,000p	750p	3,000p
10% 이상~15% 미만	10,000p	1,500p	6,000p
15% 이상	15,000p	2,000p	8,000p

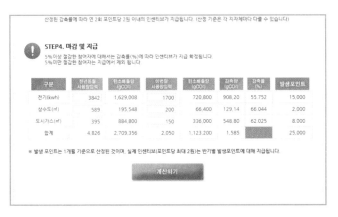

STEP4. 마감 및 지급

5%이상 절감한 참여자에 대해서는 감축률(%)에 따라 인센티브가 지급 확정됩니다.
5%미만 절감한 참여자는 지급에서 제외 됩니다.

구분	전년동월 사용합입력	탄소배출량 (gCO2)	이번달 사용량입력	탄소배출량 (gCO2)	감축량 (gCO2)	감축률 (%)	발생포인트
전기(kwh)	3842	1,629,008	1700	720,800	908.20	55.752	15,000
상수도(㎥)	589	195,548	200	66,400	129.14	66.044	2,000
도시가스(㎥)	395	884,800	150	336,000	548.80	62.025	8,000
합계	4,826	2,709,356	2,050	1,123,200	1,585		25,000

※ 발생 포인트는 1개월 기준으로 산정된 것이며, 실제 인센티브(포인트당 최대 2원)는 반기별 발생포인트에 대해 지급됩니다.

계산하기

탄소포인트제 실적용

구글에서 '탄소포인트제'를 검색하면 관련 사이트www.cpoint.or.kr 를 발견할 수 있다. 화면의 오른쪽 상단에서 개인정보 및 부가정보를 입력하여 회원가입을 진행한다. 이때 '인센티브유형'에서 현금으로 선택해야 포인트를 현금화할 수 있다.

홈페이지 오른쪽 '탄소배출량 계산'에서 전년 동월 사용량과 이번 달 사용량을 입력하면 감축된 탄소량과 발생한 포인트를 확인할 수 있다. 1~6월까지 발생한 인센티브는 그해 연말에 지급되고, 7~12월까지 발생한 인센티브는 다음 해 5~6월에 지급된다.

서울시에 거주한다면 에코마일리지 제도를 활용하면 된다. 탄소포인트제도와 방식은 동일하다. 가입일로부터 6개월 단위로 이전 사용량과 비교한다. 탄소배출량 기준으로 5~15% 절감하면 마일리지가 적립된다. 적립된 마일리지는 현금으로 전환하거나 지방세 및 아파트 관리비로 대신 납부할 수 있다. 단, 서울시 인구가 많아서 마일리지는 최대 5만 점까지 적용된다.

에코마일리지 화면

2. 자동차 탄소포인트제

탄소포인트제의 자동차 버전으로 보면 된다. 승용·승합차의 운전자가 주행거리를 감축하거나 친환경운전을 하여 온실가스를 감축하면 이에 따른 인센티브를 지급한다. 차량의 누적된 하루 평균 주행거리와 참여 기간 하루 평균 주행거리를 비교하여 줄인 만큼 금액을 환산한다. 최소 2만 원부터 최대 10만 원까지 현금화할 수 있다.

자동차를 구매한 지 얼마 되지 않아서 비교할 기록이 없다면, 교통안전공단에서 시군구 별로 제공하는 자동차 주행거리의 평균 자

구분		인센티브 산정기준				
주행거리	감축율(%)	0 이상~10미만	10이상~20미만	20이상~30미만	30이상~40미만	40이상
	감축량(km)	0 이상~1천 미만	1천 이상~2천 미만	2천 이상~3천 미만	3천 이상~4천 미만	4천 이상
	금액(만 원)	2	4	6	8	10

자동차 탄소포인트제 화면

료를 기준으로 삼으면 된다. 단, 친환경 차량이면 신청이 불가능하다. 서울시에 등록된 차량은 서울시에서 운영하는 '승용차 마일리지제'에 등록하면 된다. 최대 금액은 7만 원까지 반영된다.

구글에서 '자동차 탄소포인트제'를 검색하면 관련 사이트www.car.cpoint.or.kr를 확인할 수 있다. 오른쪽 상단에서 개인정보를 입력하여 가입을 진행한다. 이 제도의 특성상 자동차등록증 사진 혹은 사본이 필요하다. 추가로 차량 전면 번호판과 계기판 사진을 찍어서 제출하면 된다. 이후에 차량 전면 번호판과 계기판을 다시 사진으로 제출 후 감축 실정을 산정하면 감축률에 따라 인센티브를 받는다.

3. 알뜰교통카드

대중교통을 이용하기 위해서 걷거나 자전거로 이동한 거리만큼 마일리지를 쌓아 적립할 수 있는데, 카드사에서 제공되는 추가 할인 혜택을 적용하면 대중교통비를 최대 30%까지 절감할 수 있다. 적립방식

알뜰교통카드 시스템

은 출발지에서 출발 후 승차 간 거리를 측정하여 마일리지를 지급하며, 하차 후 도착 간 거리를 측정하여 마일리지를 지급하는 방식이다. 예를 들어 출근할 때 버스 정류장까지 600m를 걷다, 버스를 탄 후에 목적지 근처 정류장에 내려 200m를 더 걸어서 목적지에 도착했다고 했을 때 대중교통과 관련하여 걸은 총 거리 대비 금액을 책정하여 교통비가 절약된다. 대중교통 요금이 2천 원 미만이면 250원, 2~3천 원은 350원, 3천 원 이상은 450원까지 1일 금액 한도가 적용된다. 1일 횟수 한도는 제한이 없으나, 월 한도는 최대 44회까지다.

미세먼지 비상저감조치가 발령된 날에는 마일리지 혜택이 2배다. 또한, 새벽 3시~6시 30분 사이에 버스나 지하철을 타면 기본 마일리지에서 50% 추가 적립이 진행된다. 추가로 카드사에서 150원 할인까지 더해지면 최대 600원 할인이 된다. 만약 하루에 대중교통을 2번씩, 월 20회 출퇴근용으로 사용한다면 총 40회 할인이 진행되어 대중교통비가 약 24,000원 절약된다. 단, 한 달에 15번 이상 대중교통을 이용하며, 주민등록상 주소지 확인이 되어야 마일리지 지급 조건이 된다.

구글에서 '알뜰교통카드'를 검색하면 알뜰교통카드 마일리지 사이트www.alcard.kr를 확인할 수 있다. 홈페이지 오른쪽 상단 '카드 신청'에서 신한, 우리, 하나은행 중 하나를 선택하면 된다. 알뜰교통카드는 증권사가 아닌 은행에서 발급된다. 연회비가 있는 신용카드가 꼭 필요한 사람이 아니라면 자신에게 적합한 혜택이 있는 은행의 체크카드를 선택하면 된다. 그 후 본인인증 이후에 개인정보를 입력하면 카드신청이 완료된다.

카드 신청 후 알뜰교통카드 어플을 꼭 다운받아야 한다. 어플을 활용해 실제 이동 거리를 파악할 수 있기 때문이다. 구글플레이나 앱스토어에서 '알뜰교통카드'를 검색 후 설치한다. 신청한 카드 실물이 오면 어플 회원가입을 진행하면 된다. 그 후 카드 세부정보 및 본인인증을 통해 가입이 완료된다.

어플 작동 방식은 단순하다. 대중교통을 이용하기 위해 출발할 때 어플을 활성화시켜 '출발하기'를 누른다. 대중교통 이용 시 알뜰교통카드를 사용한 뒤, 대중교통에서 내려 목적지에 도착하여 어플에서 '도착완료'를 누르면 자동으로 마일리지가 적립된다. 단순한 방식이지만, 정신없는 출퇴근 시간에는 복잡하게 여겨질 수 있다. 그런데 출발할 때 어플 1번, 도착할 때 어플 1번만 누르면 월 최대 3만 원, 년 최대 36만 원의 마일리지 적립이 가능하다. 은행에서 금리 1% 적금에 매달 300만 원을 1년 동안 넣으면 이자가 약 36만 원이라는 점에서 아주 효과적인 재테크 방법이다.

기존에는 일부 지역에서만 진행했으나, 현재는 16개 시·도, 136개 시·군·구에서 시행하고 있다. 서울시 예산 부족으로 인해 2021년

실제 어플 화면

8월 1일부로 서울은 신규가입이 중단되었으나, 다시 진행될 수 있으니 잘 확인해야 한다.

15

나라에서 지원하는
대표적인 장려금 제도
2가지

지원 제도에는 다양한 종류가 있는데, 그중에서도 대표적인 2가지 장려금 제도가 있다. 바로 근로장려금과 자녀장려금이다. 지원제도를 잘 아는 사람들에게는 국민용돈으로 불리기도 한다. 국민용돈으로 불릴 만큼 대중적인 지원제도지만, 지금 이 글을 통해서 처음 들어본 사람도 많을 것이다. 지금이라도 늦지 않았으니 국가에서 주는 용돈을 잘 받길 바란다.

1. 근로장려금 제도

돈을 버는 방식에는 여러 가지가 있지만, 대부분 근로를 통해 수입을 얻는다. 그런데 근로로 버는 돈은 시급 혹은 월급으로 규정된 만큼 수령하는 금액이 정해져 있다. 매달·매년 일정 %의 급여가 오른다고 해도 생계에 어려움을 겪는 사람들이 있다. 특히 열악한 환경에서 근무하거나 아르바이트하며 생계를 이어가는 사회초년생들은 경제적으로 여러 어려움을 느낄 것이다.

근로장려금 제도는 열심히 근로를 하지만, 소득이 적어 생활이 어려운 사람들에 대해 가구원 구성과 총급여액 등에 따라 산정된 장려금을 지급하는 제도다. 전년에 근로로 인한 소득을 확인하여 일정 기간 내에 정기 지급신청을 하면, 근로장려금을 1회 지급한다. 2009년에 처음 지급이 되었을 때만 해도 1인 가구에는 지급하지 않았으나, 현재는 사회적 추세에 맞춰서 1인 가구에도 장려금을 지급한다. 2019년부터는 나이 제한을 없애면서 많은 사람이 혜택을 받기 시작했다. 2019년 소득분이 반영된 2020년도에는 무려 432만 가구가 혜택을 받았다.

근로장려금은 근로소득뿐 아니라 사업 소득, 종교인 소득을 받는 사람도 해당된다. 단, 전문직은 해당되지 않는다. 가구별로 1명에게만 지급되고, 지원 금액도 대상에 따라 차이가 발생된다. 가구 구분 없이 최소 3만 원부터 시작하여 단독 가구에는 최대 150만 원, 홑벌이 가구에는 최대 260만 원, 맞벌이 가구에는 최대 300만 원을 지원해준다.

신청 자격은 크게 가구원 요건, 소득 요건, 재산 요건, 신청 제외로 나뉘며, 항목별 자세한 사항은 오른쪽 표와 같다.

근로장려금에는 정기 제도와 반기 제도가 있는데, 소득 발생 시점과 장려금 수급 시점 간의 시차가 크게 발생하는 기존의 장려금 제도의 단점을 보완하려 만들어졌다. 일반적으로 말하는 근로장려금은 정기 제도인데, 반기 제도는 반기별 소득 파악이 가능한 근로소득자에 한해 만들어졌으나 정기 지급방식을 놓쳤다면 진행이 가능하기도 하다.

구분		요건
가구원 요건	단독	배우자, 부양 자녀, 직계존속이 모두 없는 가구
	홑벌이	배우자(총소득 3백만 원 미만), 부양 자녀 또는 70세 이상 직계존속이 있는 가구
	맞벌이	신청인과 배우자 각각의 총 급여액 등이 3백만 원 이상인 가구
소득 요건 (총급여액)	단독	2,000만 원 미만
	홑벌이	3,000만 원 미만
	맞벌이	3,600만 원 미만
재산 요건		모든 가구원의 부동산·자동차·예금 등 재산 합계액이 2억 원 미만인 가구 (부채는 차감하지 않음)
신청 제외		- 대한민국 국적을 보유하지 아니한 자 - 그해 중 다른 거주자의 부양 자녀인 자 - 거주자(배우자 포함)가 전문직 사업을 영위하고 있는 자

2022년부터는 서민 취약계층 지원을 위해 근로장려금 소득 상한금액이 인상될 예정이다. 더 많은 사람에게 혜택을 제공하기 위해서 기존의 총급여액보다 200만 원씩 인상되는 쪽으로 가닥이 잡히고 있다. 지원 금액도 약 2,000억 원 정도 더 늘린다고 하니 장려금 제도의 신청 기준이 된다면 잘 확인해서 혜택을 손에 꼭 쥐기를 바란다.

2. 자녀장려금 제도

자녀장려금은 임신과 출산, 자녀 양육을 지원하기 위해 지급되는 제도다. 연 1회 신청·지급되며, 총소득액과 18세 미만 부양 자녀 수에 따라 1명당 최대 70만 원이 지급된다. 근로장려금과 마찬가지로 자

근로장려금·자녀장려금 신청서 작성(2020년귀속, 정기)

녀장려금은 가구원 구성, 소득 요건, 재산 요건 등에 따라 신청 대상을 결정한다. 소득 요건만 근로장려금과 일부 다르며, 나머지는 동일하다. 이 때 홑벌이, 맞벌이 가구 구분 없이 전년도 부부합산 연간 총소득이 4,000만 원 미만이어야 한다. 연간 총소득이 홑벌이 가구는 2,100만 원 미만, 맞벌이 가구는 2,500만 원 미만이라면 자녀 수당 70만 원이 가능하며, 소득이 그 이상이라면 일반적으로 50만 원 전후로 지급된다.

　근로·자녀장려금을 신청 전에 구글에서 '근로장려금 계산해보기'를 검색하면 받을 수 있는 금액을 미리 계산할 수 있다. 홈택스에서 배우자·부양 자녀 유무, 부양 자녀 수, 총소득, 재산, 연간 소득, 배우자 연간 소득 등을 입력하여 대략적인 금액을 확인할 수 있다.

　장려금 신청방식은 안내문을 받은 유무에 따라 나뉜다. 안내문을 받았다면 홈택스에서 로그인을 진행 후 '근로장려금·자녀장려금 신청'-'신청하기'-'간편신청하기'를 통해 신청이 가능하다. 이 밖에도 모바일용 어플인 손택스, ARS 1544-9944, 장려금 전용 상담센터

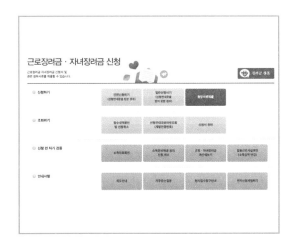

1566-3636에서 진행할 수 있다. 만약 안내문을 받지 않았다면 홈택스에서 '간편신청하기' 대신 '일반신청하기'를 진행하면 된다. 또한, 장려금 전용 상담센터 및 세무서 문의 후 우편으로 접수할 수 있다.

근로·자녀장려금은 매년 5월에 신청이 가능하다. 부부 모두 근로소득 또는 사업소득이 있다면 부부 중 총급여액 등이 많은 사람이 신청하면 좋다. 만약 체납세액이 있으면 지급액의 30%를 한도로 충당 후 남은 금액이 지급되며, 신청자가 고의나 중대한 과실로 다르게 신청하여 장려금을 받으면 장려금을 회수하고 최대 5년간 장려금 지급이 제한된다.

16

일상에서 잠자는 돈 찾는
3가지 방법

새로운 계절을 맞이하여 대청소하거나 옷을 정리하다 보면 가끔 소파 밑이나 호주머니에서 돈을 발견하곤 한다. 100원짜리 동전일 때도 있지만, 5만 원짜리 지폐일 때도 있다. 자기 돈일 텐데도, 뭔가 공돈이 생긴듯하여 기분이 좋다. 그 돈으로 좋아하는 사람과 맛있는 음식을 사 먹기도 하고, 복권을 구매하기도 한다. 재테크에 눈을 뜬 사람이라면 적금으로 활용하거나 자기가 투자하는 종목에 돈을 넣기도 할 것이다. 이처럼 자기 돈임에도 손에서 놓치는 경우들이 일상에서 종종 있다. 오래전 일이라 기억이 안 나기도 하며, 얼핏 생각이 나지만 어떻게 찾아야 하는지 몰라서 찾지 못하는 돈이다. 이번 글에서는 일상에서 잠자는 돈을 찾을 수 있는 3가지 방법에 관해 이야기하고자 한다.

1. 미환급금 찾기

사람은 누구나 실수를 한다. 사람이 관리하는 전산 시스템에도 가끔 오류가 발생하는 이유다. 우리는 매년 세금을 비롯한 각종 공과금 및 보험료 등을 납부하고 있다. 그런데 정상적으로 금액을 지급했음에도 가끔 전산 오류로 이중납부나 착오 납부로 계산될 때가 있는데, 이사를 가거나, 이직을 하면 자격 변동으로 오류가 나기도 한다. 돈을 더 많이 내서 돌려받는다면 좋지만, 돈을 더 내야 하는 상황도 발생한다. 이러한 실수로 나라에 잠자는 돈이 무려 수백억 원이라고 한다.

중요한 건 자기가 그 문제를 발견하고 환급을 신청하지 않으면, 그 돈은 영원히 잠들어버린다는 것이다. 혹여 문제를 안다고 해도 돌려받기가 쉽지 않다. 관련 기관에 전화해서 내용을 설명하면 다른 부서로 연결한다. 신청 절차가 복잡하고 불편해서 차라리 환급을 안 받게 된다. 수백, 수천만 원의 돈도 아니니 말이다. 그런데 이 금액을 쉽게 확인하고 돌려받는 방법이 있다. 확인 후 환급받을 금액이 없다면 정상적으로 돈이 지급되었기에 안심할 수 있고, 그렇지 않다면 숨겨진 내 소중한 돈을 돌려받을 수 있다.

구글에서 '미환급금 찾기'를 검색하면 정부 24 사이트www.gov.kr를 발견할 수 있다. 홈페이지 화면 하단에 있는 '미환급금 찾기' 버튼을 누르면 '미환급금 찾기 통합서비스'라는 창이 뜬다. 여기서 미환급금 종류 9가지를 확인할 수 있는데, 국세와 고용·산재보험은 개인사업자가 아니면 별도로 체크할 필요가 없다. 보관금 및 송달료는 법과 관련된 부분이므로 특별한 사유가 없다면 역시 체크하지 않아도 된다. 유료방송과 통신은 이 사이트에서 하면 오류가 날 때가 많다. 남은 항목으로 지방세, 국민연금, 건강보험이 있는데, 이 항목들을 체크

미환급금 찾기 통합서비스

하고 이름, 주민등록번호를 입력한 후 미환급을 확인하면 돌려받지 못한 금액을 쉽게 조회할 수 있다. 만약 미환급금이 확인되면 이 사이트에서 바로 환급신청이 가능하다.

국세 환급금을 찾으려면 '홈택스'-'조회/발급'-'국세환급금 찾기'를 확인하면 된다. 주민번호와 성명을 입력하고 조회를 누르면 환급 유무를 확인할 수 있다. 모바일은 구글플레이에서 '손택스' 어플을 활용하면 된다.

구글에서 '유료방송미환급액'을 검색하면 유료방송미환급액 조회 시스템www.kait-tvrefund.kr을 확인할 수 있다. 홈페이지 화면 중앙의'미환급액 조회'에서 유료방송 및 통신 요금 미환금액 조회가 가능한데, 평일 오전 9시~저녁 8시까지 조회할 수 있다.

| 홈택스 PC화면 | 손택스 어플 화면 |

2. 휴면예금 서비스

은행별로 통장계좌를 사용하다 보면 자연스럽게 안 쓰게 되는 계좌들이 있다. 그런데 그 계좌의 끝에는 '0'이란 숫자가 아닌 최소 몇십 원부터 많게는 수백만 원까지 들어있기도 하다. 어느 조사에 따르면 예적금을 들어놓고 찾아가지 않는 돈이 무려 수천억 원이라고 한다.

자기 계좌에 숨은 돈을 찾고 싶다면 서민금융진흥원에서 진행하는 휴면예금 서비스를 활용하면 된다. 휴면예금이란 은행, 저축은행 등의 예적금 및 부금 중에서 관련법률 또는 약정에 따라 소멸 시효가 완성된 이후에 찾아가지 않은 예금이다. 소멸 시효는 은행 예금이 5년, 보험은 3년이다. 정확히는 휴면계좌, 휴면예금, 휴면보험금으로 나뉘지만, 휴면예금으로 통칭하고 있다. 이 서비스를 통해 지난해 총 2,432억 원의 휴면예금이 고객에게 지급되었다.

구글에서 '휴면예금'을 검색하면 서민금융진흥원 홈페이지www. kinfa.or.kr를 확인할 수 있다. 홈페이지 화면 '휴면예금 관리-휴면예금 조회 및 지급신청'에서 주민등록번호, 공인인증서를 통해 간편하게 24시간 조회할 수 있다. 금액이 확인되면 온·오프라인으로 지급신청이 가능하고 온라인은 홈페이지 '휴면예금 찾아줌'에서 본인인증을 통해 직접 지급신청을 할 수 있다. 오프라인은 휴면예금의 출연금융 기관 혹은 전국 서민금융통합지원센터에 방문 후 신청이 가능하며, 서민금융콜센터 1397에서도 진행할 수 있다. 단, 지급신청은 1,000만 원 이하까지만 가능하다.

3. 한전 고효율 가전제품 구매비용 지원사업

한국전력공사 전기요금 복지할인가구를 대상으로 고효율 가전제품을 구매하면 구매비용의 10%까지 지원해주는 사업이다. 가구당 최대 30만 원까지 지원된다. 지원 가능 제품은 총 11가지로 냉장고, 김치냉장고, 에어컨, 세탁기, 냉온수기, 전기밥솥, 진공청소기, 공기청정기, TV, 제습기, 의류건조기이다. 품목마다 등급의 차이는 있으나 대부분 1등급에 해당하는 모델이 해당된다.

이전에는 전 국민을 대상으로 진행했으나, 올해는 예산이 줄어들어 전기요금 복지할인을 받는 가구에만 혜택이 제공된다. 장애인,

지원대상 제품검색

• 제품검색은 참고용이며 실제 효율등급이나 적용기준일이 지원대상에 부합하면 신청가능합니다.

전체선택	전체	모델명 입력	검색

번호	품목	제조사	모델명
7687	에어컨	(주)파세코	PWA-3300WG
7686	드럼세탁기	LG전자(주)	F21VDDM
7685	의류건조기	삼성전자(주)	DV16T8740BV
7684	의류건조기	삼성전자(주)	DV14T8520BW
7683	의류건조기	삼성전자(주)	DV14T8520BP
7682	의류건조기	삼성전자(주)	DV16T8520BW

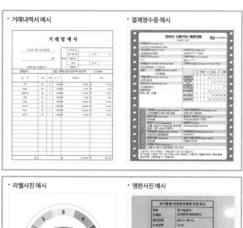

* 거래내역서 예시

* 결제영수증 예시

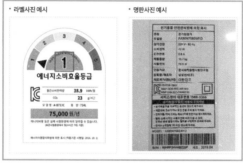

* 라벨사진 예시

* 명판사진 예시

유공자, 기초생활수급자, 차상위 계층, 3자녀 이상 가구 등이 이에 해당한다. 2021년 4월 23일 이후 구매제품에 한해서 지원 대상이며, 이전에 구매한 건에 대해서 소급적용은 불가하다. 지원 사업은 약 700억 원의 예산이 소진 시까지 진행된다.

구글에서 '한전 고효율 가전제품 구매비용'을 검색하면 홈페이지www.en-ter.co.kr를 확인할 수 있다. 이 때 가전제품을 구매하기 전에 '대상제품검색'에서 구매하려는 모델을 입력 후 사업 대상 제품인지 확인해야 한다. 확인이 되면 회원가입을 진행한 후 환급 받을 계좌 정보를 입력하고 신청인 정보와 구매 정보를 입력 후 구매 증빙 서류를 첨부해야 한다. 증빙 서류는 거래내역서, 결제영수증, 라벨과 명판 사진, 주민등록등본이다. 신청 후 서류 보완 문자가 오지 않으면 14일

내로 계좌에 돈이 환급된다. 가전제품의 금액이 저렴하지 않은 만큼
환급액도 큰 편이다.

17

국민 99%가 모르는 지원제도

사람들이 보험에 가입하는 이유는 일상에서 예상치 못한 질병 및 사고가 발생할 때를 대비하기 위해서다. 모른 체 하고 싶던 상황들이 막상 자기 일이 되면 여러모로 정신이 없다. 잠깐의 시간이 흘러 정신을 차리고 나면 돈이란 현실을 마주하게 된다. 이때 무엇보다 도움 되는 게 보험이다. 보험은 경제적으로 마음의 안정을 가져다준다.

그런데 문제는 월별로 납입하는 보험료가 저렴하지 않다는 것이다. 저소득층 혹은 수입이 일정하지 않은 사람에게 보험료는 일상 지출에서 꽤 큰 비중을 차지한다. 시중에 있는 보험 중에 실비보험과 운전자보험을 제외하면 대부분 몇만 원부터 많게는 몇 십만 원까지 지출되니 한 달 수입이 200만 원인 사람에게 10~20만 원의 보험료는 상당한 부담이 된다. 게다가 보험의 종류가 워낙 많다 보니 어떠한 보험을 들어야 하는지도 정확히 알지 못한다. 삶에서 보험의 필요성을 느껴도 보험에 쉽게 가입하지 못하는 이유다.

지금 소개하려는 지원제도는 시중의 일반 보험에 가입하지 않아도 사고가 났을 때 일부 보상을 받을 수 있는 제도다. 최대 보상 금액은 1,000만 원이다. 최근 관련 사례를 몇 가지 들어보겠다. 학교 앞 스쿨존에서 차량 추돌로 골절 수술을 받은 초등학생 A는 보험금 1,000만 원이 지급되었다. 버스에서 내리다 넘어져서 충돌한 B는 600만 원, 지하철 환승 통로 경사로에서 넘어져 다친 C는 150만 원의 보험금이 지급되었다. 일반적인 상식에서는 보험에 가입하지 않았는데도 수백만 원의 보험금을 받을 수 있다는 사실이 이해가 안 될 수도 있다. 이 보험은 아는 사람만 아는 숨겨진 보석과 같다. 아마도 이 책에서 소개하는 내용 중 가장 많은 사람이 모르는 부분이 아닐까 한다.

시민안전보험 알아두기

시민안전보험은 재난·사고로 인한 사람들의 신체적 피해를 보상하고자 지자체가 자율적으로 보험사·공제회와 가입 계약한 보장제도다. 지자체가 보험에 가입했다면 해당 지자체에 주소를 둔 시·도민은 별도의 절차 없이 일괄 가입이 진행된다. 시·도민의 대상은 한국인뿐 아니라 외국인도 해당하는데, 개인적으로 개별 보험을 가입했다 하더라도 시민안전보험과 중복혜택이 가능하다. 게다가 시가 아닌 구에서 속한 '구민안전보험'이 있다면 둘 다 중복혜택이 된다. 그런데 거주지에서 사고가 났다고 해도 거주 관청에서 시민안전보험과 관련한 별도의 연락을 주지 않는다. 즉, 자신이 먼저 시민안전보험금 담당자에게 연락해서 보험금을 청구해야 한다. 외국에서 당한 사고까지도 시민안전보험금으로 적용한 판례도 있다.

　지역별로 보장내용은 다르지만, 일반적으로 자연재해, 폭발·화

구분		보장내용	보장금액
자연재해	사망	자연재난(태풍, 홍수, 강풍, 지진, 폭염, 낙뢰 등), 열사병 및 일사병	1,000만 원
폭발·화재· 붕괴·산사태	상해, 사망	폭발, 파열, 화재(벼락 포함), 건물 및 건축 공사장의 붕괴 · 침강, 산사태	사망 1,000만 원 후유장해 1,000만 원 한도
대중교통사고	상해, 사망	대중교통수단 탑승 중, 승 · 하차 중, 승강장 내 대기 중 사고	사망 1,000만 원 후유장해 1,000만 원 한도
강도	상해, 사망	강도에 의한 사고	사망 1,000만 원 후유장해 1,000만 원 한도
스쿨존 교통사고	상해	만 12세 이하대상 스쿨존 내 발생 교통사고	1,000만 원

재·붕괴·산사태, 대중교통 사고, 강도, 스쿨존 교통사고로 구분한다. 그리고 제주도처럼 바다가 있는 지역은 익사 사고에도 보험금을 지급한다. 어떤 지역에서는 가스 사고나 화상 수술비도 지원해준다. 보장액수도 지역별로 다르다. 단, 상법 제732조(15세 미만자 등에 대한 계약의 금지)에 따라 15세 미만자는 사망보험에서 제외된다. 보험기간은 대부분 1년으로 적용되며, 매년 가입·운영계약이 갱신된다. 서울을 포함한 대부분 지역은 3년간 보험금을 청구 신청할 수 있다.

대표적으로 서울시민안전보험의 보장내용과 액수는 아래와 같이 적용된다. 지역별로 구분은 비슷하지만, 보장내용 및 보장금액이 다르다.

구글에서 '시민안전보험'을 검색하면 국민재난안전포털www.safekorea.go.kr 사이트를 확인할 수 있는데, 여러분이 속한 지역이 시민안전보험에 가입되었는지 확인할 수 있다. 우선 홈페이지 화면 '정책

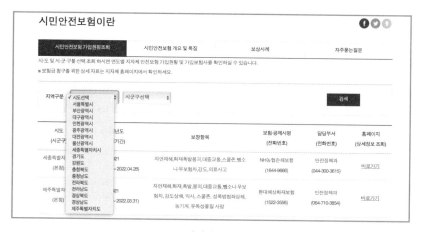

시에서 확인

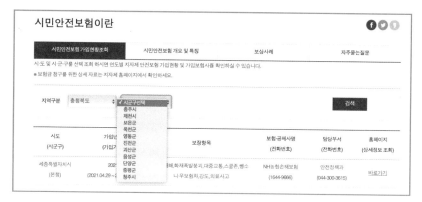

시·군·구 확인

보험(풍수해보험) - 시민안전보험'에서 해당 지역을 확인한 뒤, 가입
연도, 보장항목, 보험·공제사명, 담당 부서, 홈페이지를 확인하면 된
다. 해당 홈페이지를 클릭하면 자세한 보장내용 및 청구 방법이 기재
되어 있는데, 자신에게 해당되는 사항이 있다면 보험금 청구서와 각
종 구비서류를 준비해 접수처에 등기로 신청하면 된다. 청구서 양식

은 지역 홈페이지나 관련 보험사 홈페이지에서 다운로드가 가능하다. 보험 청구 진행 상황은 휴대전화를 통해 확인할 수 있다. 보험절차가 완료되면 청구서 접수일 이후 3일 이내로 보험금을 받을 수 있다.

시민안전보험은 예기치 못한 상황에 처한 사람에게 최고의 조력자가 될 수 있다.

2020년 1월~2021년 4월까지 서울시에서 지급된 시민안전보험금 사례는 총 67건이다. 이 중 38명에게 최고 금액인 1,000만 원이 지급되었다. 많은 사람이 신청했음에도 보험 지급률이 낮아서 지급 건수가 적을 수 있다. 그런데 이 제도 자체를 모르기 때문에 지급 수가 적을 확률이 더 높지 않을까. 아는 것이 힘이라는 옛말은 정답에 가깝다.

18

지원제도 한 눈에 알아보는 방법

국가에서 국민에게 지원하는 제도는 약 5천 개가 넘는다. 금액도 5만 원부터 시작하여 770만 원까지 다양하게 있다. 그럼에도 우리가 지원제도를 잘 모르는 이유는 크게 2가지를 들 수 있다.

첫번째는 신청할 수 있는 조건이 까다롭다. 지원제도의 대상은 넓게 분포되어 있지만, 대부분 경제적 어려움을 겪는 사람들이 우선 대상이다. 그러다 보니 자기 이름으로 된 집을 가지고 있으면서 직장인 평균 급여를 버는 사람들은 신청 대상에 해당되지 않을 때가 많다. 특히 최근 집값 상승으로 인해 재산 조건에 해당되지 않는 사람이 급격히 증가했다.

다른 한 가지는 수많은 제도를 하나씩 확인할 여력이 없다. 앞의 이유보다 더 중요한 이유라고 볼 수 있다. 이제까지 대부분 지원제도는 지자체 및 중앙부처에서 산발적으로 제공해서, 뿔뿔이 흩어진 수많은 제도를 바쁜 현대인이 다 파악하기란 거의 불가능했다. 대중적으로 널리 알려진 연말정산, 근로·자녀장려금 정도가 전부였고, 뒤늦게나마 주변에서 정보를 얻어서 지원 신청하려 하면 이미 신청기한 은 끝나버렸을 때가 많았다. 다음에는 놓치지 않겠다고 다짐하지만, 일상에 치이다 보면 시기를 놓치길 반복하게 된다.

이번에 준비한 파트는 일상이 바쁘고 여유가 없는 사람일수록 더 많은 도움이 될 수 있다. 조금만 신경 쓰면 국가에서 진행하는 수 많은 지원제도를 최대한 놓치지 않을 수 있다. 만약 조건에 해당한다 면 자연스럽게 지원금을 받을 확률이 높아진다.

보조금24 이해하기

보조금24는 자신이 받을 수 있는 정부 혜택을 쉽고 빠르게 확인하여 편하게 신청할 수 있도록 돕는 맞춤형 서비스다. 보조금24 사이트에 서 서비스 이용 동의를 한 번만 해놓으면 된다. 내 정보가 보조금24 시스템에 입력되어 나에게 해당하는 지원금 정보를 신속하고 정확하 게 안내받을 수 있다. 각 사이트를 하나하나 찾아가며 시간을 소모할 필요가 없다. 여러분은 밥상에 차려진 수많은 요리 중 마음에 드는 음 식을 선택하여 맛있게 먹으면 된다.

보조금24는 2021년 4월부터 서비스를 시작했으며, 시간이 흐 를수록 아래와 같이 안내 서비스 및 안내 대상의 범위를 점점 확대할 예정이다.

2021년 4월 중앙부처 서비스(본인, 14세 미만 자녀)

2021년 12월 지자체 서비스(본인, 배우자, 자녀 - 주민등록세대 기준)

2022년 공공기관 서비스(본인, 배우자, 자녀, 조부모 - 가족관계등록부 기준)

보조금24 신청은 오·오프라인 모두 가능하다. 구글에서 '정부24' 혹은 '보조금24'를 검색하면 관련 사이트www.gov.kr를 확인할 수 있다. 보조금24는 정부24 회원을 대상으로 서비스를 제공하며, 정부24에 로그인 후 보조금24 이용에 대한 동의 후에 이용할 수 있다. 회원가입 후 화면 오른쪽 상단 '나의 생활정보'-'보조금24'에서 당일을 기준으로 현재 받는 혜택, 받을 수 있는 혜택, 자격이 확인되면 받을 수 있는 혜택을 확인할 수 있다. 오프라인은 거주지 근처 주민센터에서 보조금24 신청서를 작성하면 진행할 수 있다. 주민등록증, 운전면허증 등 신분증이 필요하며, 배우자, 직계 가족 등 대리 신청도 가능하다.

가끔 자신과 보조금 지원은 특별한 상관이 없다고 생각할 수 있다. 앞서 언급한 것처럼 대부분 보조금 지원은 생계가 어려운 사람들에게 최소한의 경제력을 지원해주는 것을 목표로 하고 있기 때문이다. 스스로 생각했을 때 그 조건에 해당하지 않는다면 지원과는 거리가 멀 수 있다. 그런데 자신에게도 해당하는 부분이 분명히 있을 것이다. 지원금 없이 잘 살아간다고 해도 자신에게 해당하는 보조금을 굳이 놓칠 필요는 없다. 지원금과 일정 거리를 두는 사람도 보조금24를 잘 활용하는 습관이 필요한 이유다.

돈에 잡아먹히지 않는
삶을 위하여

다산 정약용(1762~1836) 선생님은 관리의 덕목을 다룬 자신의 저서 '목민심서牧民心書'에서 책 이름을 심서心書 즉, 마음의 책이라 지은 이유를 '목민할 마음만 있지 실행할 수 없기 때문'이라 했다. 유배 상황에서 목민을 실천할 수 없는 상황이 답답했기에 겸손함을 담아 그리 말씀하셨겠지만, '실행'이란 한 분야의 대가도 쉽지 않은 것만은 분명하다.

[머니 체인저]는 '돈'에 대한 생각과 태도를 바꾸고, 공부하며, 스스로 인생을 좋은 쪽으로 변화시키는 사람이 되기 위한 다양한 방법을 다룬 책이다. 전문서라기보다는 초보 분들을 위한 입문 서적이라, 기초적인 재테크와 투자, 부업에 대해 함께 다뤘다. 부업과 투자

를 통해 월 수익을 증가시켜, 목돈을 만들어 내고, 지출 통제와 습관을 통해 돈을 지켜내며, 재테크로 불리는 과정은 '실행'의 연속이다. 아무리 대단한 생각과 마음가짐을 지녔더라도, 작은 실천이 없다면, 말짱 도루묵이 되고 만다. 한 두 번이 아닌, 꾸준한 실행은 거의 불가능에 가까울 정도로 누구에게나 어려운 미션이다. 그럼에도 나는 이 책을 읽은 여러분이 반드시 꾸준히 실행하기를 응원한다.

나도 10대 시절에는 작심삼일 인생을 살며, '꾸준한 실천'과는 반대의 삶을 살았다. 중학교 때 집안 형편이 어려워져, 장학금을 주는 공고로 진학했고, 도전하고 싶은 것도 없이, 남 탓, 환경 탓하며 세상을 원망하며 살았던 적도 있다. 그때 우연하게 [바람의 검심]이라는 애니메이션을 보았고, 검도에 꽂혀 동네 검도장에서 1년을 꾸준히 다녀 유단자가 되었다. 태권도도, 합기도도 어렸을 때부터 찔끔 씩하며, 노란 띠에서 멈췄던 내가 검도만큼은 1단을 취득할 때까지 다녔던 건, 검도장에 붙어있던 문구 때문이었다.

중단하는 자는 성공하지 못한다.

어떨 때는 검도장에 가기가 싫은 날도 있었지만, 저 문구를 볼 때면 '그래, 이왕 시작한 거 1단만 따고 그만두자' 싶었고, 결국 꾸준히 하다 보니 1단을 딸 수 있었다. 그때 처음으로 꾸준히 하면 된다는 것을 알게 되었다. 태권도, 합기도와 달리 검도는 내 성향과 맞는 부분이 있었던 것이다. 당신도 어떤 것을 도전하다 포기했다고 해서, 실패한 것이 아니다. 그게 그저 당신과 결이 맞지 않았을 뿐이다. 마찬가지로 '부업'에도 수많은 종류가 있고, '투자'에도 다양한 방법론이 있다. 여러분이 자신에게 맞는 '부업'과 '투자'의 방법론을 찾아내 보다 빨리 경제적 자유를 누리기를 진심으로 바란다. 당신이 이 책을 읽고, 다양한 방법들을 시도하고 또 그 시도를 꾸준히 지속한다면, 어느덧 당신은 매달 상당한 수익과 함께, 자산 규모도 눈에 띄게 늘어날 것이다.

재테크 유튜브 채널을 운영하다 보니, 본의 아니게 수십, 수백억을 가진 자산가들을 만날 기회가 생긴다. 그분들 중 남들에 비해 충분히 많은 돈을 가지고도, 자기보다 더 많이 가진 사람을 부러워하며, 자는 시간을 제외하고는 오로지 돈을 더 벌 고민만 하는 분들도 꽤 만났던 것 같다. [머니 체인저]가 되어, 평생 일하지 않고도 다 쓰지 못할 돈을 가졌지만, 사생활도 친구도 없이 돈이 많음에도 '돈의 노예'가 되어버린 사람들을 몇몇 만나고 보니, 어느 정도의 부는 사람에게 경제적 풍요와 하고 싶은 것을 할 수 있게 해주는 귀한 선물이 되지만, 필요 이상으로 과도한 부는 사람을 오히려 망칠 수도 있음을 깨닫게 됐다.

책의 끝 부분에 와서 배부른 소리라고 말할 수도 있겠지만, 나는 당신이 '돈'만 쫓지 않기를 진심으로 바란다. [머니 체인저]가 되었어도, 돈을 경계하지 않고, 쫓기만 하면 어느덧 [머니 몬스터]가 될 수도 있다. 시대가 아무리 흘러도, 변하지 않을 진리는 인간에게 주어진 시간은 유한하다는 거다. 그러므로 사는 동안 충분히 사랑하셨으면 한다. 그게 사람이든, 반려 동물이든, 물건이든, 경험이든, 무엇이든 간에, 당신이, 사랑하는 것을 온 맘 다해 사랑하기를 진심으로 바란다. 돈은 그 '사랑'을 풍요롭게 유지할 수 있게 해주는, 선택지를 넓

혀주는 그저 '수단'에 불과하다. 경제적으로 유지가 안 되면 또 고민이 생기고, 스트레스가 발생하기에, 재테크도 어느 정도는 해야 하겠지만, 빚 없이 집과 차가 있고, 소비 습관 이상의 현금 흐름이 매달 충분히 발생한다면, 나는 당신이 사랑하는 것을 발견하는 데 시간을 좀더 사용하셨으면 한다. 돈에 잡아먹히지 않는 삶을 위해 말이다. 거의 모든 것을 가능하게 해주지만 그럼에도 '수단'일 뿐인 '돈'이, '목적'이 되어버리면, 그저 숫자가 증가하는 것에 만족하는 프로그램과 다를 바 없다 생각한다. 인간에겐 '삶'이 더 중요하고, 그 삶 속에서 사랑할 것을 찾는 게 훨씬 소중하다. 돈은 그것을 가능케 해주는 마중물일 뿐이다. 최선을 다해 돈을 추구하되, 과하지 않게 마음을 컨트롤하자. 그런 마음가짐이 오히려 당신에게 더 많은 행복을 가져다주리라 확신한다. 돈으로 살 수 있는 것을 누리는 기쁨과 돈으로 살 수 없는 것을 발견하는 행운이 당신의 삶 속에 함께 하기를 바라며….

2022년 3월 서재에서
절약왕 정약용 드림

머니 체인저

ⓒ 문준희, 2022

초판 1쇄 발행 2022년 4월 11일
초판 5쇄 발행 2022년 4월 18일

지은이	문준희
편집인	권민창
책임편집	권민창
기획 및 진행	북케어 icaros2999@gmail.com
디자인	홍성권
책임마케팅	김성용, 윤호현
마케팅	유인철, 문수민
제작	제이오
출판총괄	이기웅
경영지원	김희애, 박혜정, 박하은, 최성민

펴낸곳	㈜바이포엠 스튜디오
펴낸이	유귀선
출판등록	제2020-000145호(2020년 6월 10일)
주소	서울시 강남구 테헤란로 332, 에이치제이타워 20층
이메일	mindset@by4m.co.kr

ISBN   979-11-91043-71-6 03320

마인드셋은 ㈜바이포엠 스튜디오의 출판브랜드입니다.